“十三五”国家重点出版物出版规划项目

转型时代的中国财经战略论丛

山东省社科规划重大项目“绿色消费研究”阶段性成果

绿色简约消费：政策反思与文明转型

崔宝敏 著

中国财经出版传媒集团

经济科学出版社

Economic Science Press

图书在版编目（CIP）数据

绿色简约消费：政策反思与文明转型/崔宝敏著．
—北京：经济科学出版社，2020．8
（转型时代的中国财经战略论丛）
ISBN 978－7－5218－1770－6

Ⅰ．①绿…　Ⅱ．①崔…　Ⅲ．①绿色消费－消费政策－研究－中国　Ⅳ．①F124．7

中国版本图书馆 CIP 数据核字（2020）第 148581 号

责任编辑：于　源　方　兰
责任校对：隗立娜
责任印制：李　鹏　范　艳

绿色简约消费：政策反思与文明转型
崔宝敏　著
经济科学出版社出版、发行　新华书店经销
社址：北京市海淀区阜成路甲 28 号　邮编：100142
总编部电话：010－88191217　发行部电话：010－88191522
网址：www．esp．com．cn
电子邮箱：esp@ esp．com．cn
天猫网店：经济科学出版社旗舰店
网址：http：//jjkxcbs．tmall．com
北京季蜂印刷有限公司印装
710×1000　16 开　9．5 印张　150000 字
2020 年 8 月第 1 版　2020 年 8 月第 1 次印刷
ISBN 978－7－5218－1770－6　定价：42．00 元
（图书出现印装问题，本社负责调换。电话：010－88191510）

前　言

党的十九大报告指出，当前我国社会主要矛盾是人民日益增长的美好需求和不平衡不充分发展的矛盾。不平衡不仅体现在收入分配的不平衡、产业结构的不平衡、城乡发展不平衡、区域经济的不平衡，还表现为消费领域的不平衡，尤其是工业化快速发展过程中人类消费水平、消费需要、消费能力与自然环境承载能力之间的不平衡。习近平总书记在党的十九大报告中强调，“完善促进消费的体制机制，增强消费对经济发展的基础性作用”，“倡导简约适度、绿色低碳的生活方式，反对奢侈浪费和不合理消费，开展创建节约型机关、绿色家庭、绿色学校、绿色社区和绿色出行等行动”①。2017 年，习近平总书记在中央政治局第四十一次集体学习中要求倡导推广绿色消费，每个人都应该做生态文明建设践行者、推动者。要加强生态文明宣传教育，强化公民环境意识，推动形成节约适度、绿色低碳、文明健康的生活方式和消费模式。正如习近平总书记指出的，推动形成绿色发展方式和生活方式，是发展观的一场深刻革命②。随着生产方式的变革，人类社会总体上已经开始从生产主导型社会迈进消费主导型社会，进入了“消费时代”。如何看待消费行为，怎么理解消费所带来的经济影响，消费对于经济社会发展意味着什么，怎么消费才算是科学理性的消费行为，备受关注的绿色理念及绿色消费是基于什么立场日益受到政府和社会的推崇，这些问题越来越

① 习近平：《决胜全面建成小康社会　夺取新时代中国特色社会主义伟大胜利——在中国共产党第十九次全国代表大会上的报告》，央广网，http：//news. cnr. cn/native/gd/20171027/t20171027_524003098. shtml。

② 《习近平主持中共中央政治局第四十一次集体学习》，中国共产党新闻网，http：//cpc. people. com. cn/n1/2017/0528/c64094 -29305569. html。

受到普通消费者的关注。

自1987年英国学者埃尔金顿（Elkington）和黑尔斯（Hailes）提出“绿色消费”这一概念之后，国内外学者围绕消费领域存在的问题、消费主义的产生、消费文化和消费意识的构建、绿色消费的障碍等范畴展开了大量的研究。在众多研究成果中，鲍德里亚（Baudrillard，2006）用大量的著作系统论述了消费社会的运行逻辑，并对后现代社会消费的符号化倾向展开了“符号政治经济学批判”。国外学者如弗洛姆（Fromm，1986）的“消费异化”理论、贝尔（Bell，1959）的“后工业社会”理论、布迪厄（Bourieu，1984）的“生活风格”理论、英国伯明翰文化研究中心的“青年亚文化消费”研究等基本上都从生态环境的保护出发呈现出对现代消费社会的批判性立场。国内有关消费问题的研究早期多集中于消费与经济增长之间的关系，认为适度扩大消费、提升内需对经济发展具有促进作用。在我国经济增长方式转变的关键时期，消费确实成为经济持续稳定增长的关键，然而，观照当今时代的消费行为，不难发现“有问题的消费”已然上升为消费最大的问题。1992年6月，联合国在里约热内卢环境与发展大会上，160多个国家（地区）共同签署的《21世纪议程》指出：“地球所面临的最严重的问题之一，就是不适当的消费和生产模式，导致环境恶化、贫困加剧和各国的发展失衡。”面对消费主义和消费社会对人类消费行为的奴役，多数学者基本都是从非理性消费所导致的资源滥用和环境问题对微观消费行为进行批判，认为消费主义行为必然会带来资源短缺和生态断裂等环境问题。杨光飞和梅锦萍（2011）在讨论食品安全问题时从市场经济伦理的脱嵌角度深入分析了当今时代消费问题的根源。韩丰霞等（2017）在论述经济新常态下绿色消费的发展动力时也明确指出市场经济主体不会主动参与绿色活动，只有依赖政府推动才能转变生产方式，保护生态环境。郑也夫（2016）用“后消费时代”阐释了我国消费社会的内在机制，王宁（2009）在大量社会调查的基础上揭示中国消费生活正在发生的重大变化。王长存、陶如宝（2005）第一次阐述了科学消费观。这些研究成果虽然为推进消费问题研究的深入展开提供了重要的参考，却基本都是从消费行为角度分析消费主义及消费社会产生的原因，鲜少从经济制度和政策本身寻找问题的根源。本书沿着这一思路，站在人本思想的高度，从人的需要和需求之间的区别出发，从消费的哲学反思角度探讨消费的本质及其异化问题，深入分析市场经济体制条件下的消费环节与生产环节之间的关系，进而界定体制背景下消费的变异及消费工具论、功能论的出现，并基于市场经济制度和政策反思对当代西方黑色工业、黑色经济带来的黑色消费文明进行制度解剖和科学批判，在此基础上界定中国特色绿色简约消费文明的时代内涵和特质，进而探索破解黑色消费之殇、构建中国特色消费社会和消费文明的制度路径和现实途径。

本书的研究内容主要涵盖三个方面：其一，在马克思辩证唯物主义的视域下研究消费的本质含义。通过人的需要及其满足，生产与消费的关系揭示消费的本质内涵，并对消费主义的现象性、工具性、功能性特征及其引发的消费异化和黑色消费文明进行揭露。其二，消费异化的现象批判与政策反思。通过分析消费乱象和消费异化出现的原因探寻问题的根源，并从资本逻辑、个体范式、技术滥用等不同角度对西方市场经济制度进行反思和批判。其三，中国特色社会主义绿色简约消费文明的当代建构。通过消费文化的变迁和中国经济转型的现实困境，探讨超越消费异化、实现文明转型的现实路径，并就构建中国特色社会主义绿色简约消费社会进行积极的讨论，最终试图寻找打破消费异化、回归消费本质的钥匙。

本书得到山东省高等学校青创人才引育计划“理论经济学研究型创新团队”的资助，在此表示感谢。

目　录

第一篇　消费的本质及消费异化

第二篇　现代消费社会的现象性批判与政策反思

第三篇 消费文明转型与绿色简约消费

第一篇　消费的本质及消费异化

消费的本质是为了满足人的需要，人是消费的主体，而人的需要的满足则是消费的本质内容。人的需要是一种自然本能，因此需要的满足也就具有客观性。需要和需求是两个完全不同的概念，混淆了需要和需求，把需求等同于需要，把单纯购买行为等同于消费，就容易引致消费异化。异化的消费已经不再是为了满足全体社会人民的需要，而是为了消耗过剩产品服务于资本增值的工具。

第1章 消费的本质

1.1 人的需要及其复杂性

人的需要是人体组织系统中的一种缺乏、不平衡的状态，它是人在生存和发展过程中感受到的生理和心理上对客观事物的某种要求。需要反映了人这个有机体对内部环境和外部条件的稳定要求，只有满足了这些要求，人才得以健康成长，才能更好地生存和发展。人的需要是个复杂广泛的概念，但其根本要义是现实的人的主体性和主体的需要的现实性。一方面，需要是现实的人的需要，这里的人是现实的人，不是虚构的人，也不是故去的人或者未来的人，非现实的人的需要是虚构的强加于其上的需要，也是非现实的需要，这不是需要的本质；另一方面，人的需要是人的本性的外在表现，作为自然生物，人的本性使人具有生理或心理的需要，这种需要的满足不能偏离“人的本质力量的新的证明和人的本质的新的充实”①。此外需要还具有其他特征：

其一，客观性。人的需要是以人体内部的缺乏和不平衡状态表现出来的，它是人本能的外在表现和反映。比如人每天都需要补充各种蛋白质、碳水化合物、脂肪、维生素、矿物质、膳食纤维和水，缺乏任何一种营养元素，人的身体都会有相应的反应，反之，过多的某种营养元素对人体也有害无益，所以人的需要是一个客观的量，不以人的意志为转移，过少或者过多都是不好的，需要的适度满足才能使人体达到均衡状态，而人的需要的满足最终也离不开客观存在的具体形式。

---

① 马克思：《1844年经济学哲学手稿》，人民出版社2000年版，第120页。

其二，对象性。人的需要的对象包括物质的东西也包括精神的东西，既包括个人生活的需要也包括社会活动的需要，既包括实物形态的载体也包括劳务或服务，人的需要不是空洞的，而是有目的、有对象的，而且也随着满足需要的对象的扩大而发展。各种需要彼此之间的区别，主要在于需要对象的不同。但无论是物质需要，还是精神需要，都必须有一定的外部物质条件才能满足。

其三，社会依赖性。人的需要总是在一定的社会历史条件下不断产生和被满足，人的需要的产生、发展及其变化都是社会历史的产物，原始社会人很难产生现代人对各种智能产品的需要，今天的人也大多没有遨游太空的需要，需要的社会依赖性与人的社会性、历史性密切相关。

需要具有复杂性。最早从哲学的角度研究需要问题的是古希腊哲学家德谟克利特，他将人的需要分为物质需要和精神需要，他认为“不应该追求一切种类的快乐，应该追求高尚的快乐”①，这是人的需要超越了动物的需要的根本区别，也就是说并不是所有的满足人的物欲需求的需要都应该被推崇，而应注重关注满足需要的过程所带来的个人感受是否高尚和快乐。马尔库塞也从哲学的角度对人的需要进行了比较深入的论述，他把人的需要分为真实需要和虚假需要，人的真实需要源自个人自主的需要，包括基本需要和剩余需要。可以说上述对于需要的学说初步概括了需要的主要内容和思想。进入 18 世纪之后，学者对需要的认识大多停留在对人的自然本性的突现和关注上。法国哲学家爱尔维修认为人的自然本性是趋乐避苦，并把这种自然本性称作“自爱”。霍尔巴赫把这种本性称为“自保”，这一观点虽然考虑到了社会因素对需要的影响，但是却将需要的含义引向了观念创造和想象的方向。到了 19 世纪，黑格尔充分发展了需要的研究，他认为“人作为各种需要的整体以及自然必然性与人性的混合体来说，他是市民社会的一个原则”②，在此基础上阐述了人的需要与动物的需要的区别、满足需要的方式以及需要的分类。美国心理学家马斯洛从需要的类型和层次上对需要进行了纵向的梳理，按照需要的一般顺序将人的基本需要归纳为生理需要、安全需要、爱和归属的需要、尊重的需要和自我价值实现的需要等，这被称

① 北京大学哲学系外国哲学史教研室：《古希腊罗马哲学》，商务印书馆 1961 年版，第 116 页。

② 黑格尔：《法哲学原理》，范扬、张企泰译，商务印书馆 1961 年版，第 205 页。

为需求层次理论，此后马斯洛在新版的著作中在尊重需要和自我实现需要之间又增加了认知需要和审美的需要。黑格尔从市民社会出发，将生产劳动与需要联系在一起，黑格尔在他的“市民社会”理论中指出，市民社会是由各种各样众多需要构成的，通过众多需要可以将社会中分散的单个个体联系起来。这里的需要是指人们的物质生活、物质利益的需要。人与动物的区别在于人们有着各种需要，包括物质生活需要和精神生活需要。人们可以通过生产劳动将以原始自然状态存在的物质转变为可以服务于自身生存发展需要的形式。这里包含着历史唯物主义的萌芽，对马克思产生了极大的启发。马克思从现实的人出发，将人的需要分为自然需要、社会需要和精神需要，并认为自然需要是低级需要，社会需要和精神需要才是人区别于动物的真正的需要。马克思指出：“动物不把自己同自己的生命活动区别开来……人则使自己的生命活动本身变成自己的意志和意识的对象……有意识的生命活动把人同动物的生命活动直接区别开来。正是由于这一点，人才是类存在物。”① 马克思根据需要对人的重要性程度以及人的自觉活动展开的不同层次，将人的需要分为三个层次：生存性需要、享受性需要和发展性需要。

生存性需要是指社会中的人为了生命的延续和维持基本的生活所需的物质及精神条件，它是其他需要的基础。生存性需要中最基本的是物质生活资料的满足，此外还应有生命安全、人身自由、养育儿女等需要条件。

享受性需要是相较于生存性需要更高一层次的需要。在基本的生存性需要得到满足后，人们便有了拥有更高质量生活的要求。人们不愿再仅仅满足于基本的温饱，而是想要更舒适、美好的生活；不再满足于必要的生活必需品，而是渴望拥有奢侈品。关于享受性需要，马克思主义认为，正当的享受性需要的满足，能促进人的身心健康，同时也是社会文明进步的体现。

发展性需要是指人们不满足于生存性需要，而要超越自我、提升个人能力，实现自己的社会价值的需要。发展性需要体现了人们不安现状，在最开始的时候，人们的生产劳动仅仅是为了满足生存，但人的内在需要并不仅满足于此，而是追求自身的全面发展，为社会做出更大的

① 马克思：《1844 年经济学哲学手稿》，人民出版社 2000 年版，第 57 页。

贡献。

人的需要沿着生存性需要、享受性需要、发展性需要的层次结构逐级上升，这是需要上升的一般规律和过程。需要并不是个定数和常量，而是生产的函数，随着生产的发展一同发展，人们“一旦满足了某一范围的需要，又会游离出、创造出新的需要”，人的需要的这种特性，马克思称之为“人类自然发展的规律”①，即通常所说的人的需要上升的规律性。在需要的层次结构中，生存性需要和享受性需要与人的物质生活相联系，比较容易得到满足，属于低层次需要。发展性需要，比如情感需要同人的精神生活相联系，由于精神需要没有止境因而难以彻底实现。例如在中国，人们的温饱问题已经基本解决，满足了生存型需要，正在向享受型需要的小康社会过渡。而在西方发达国家，虽然享受型需要也基本解决，但是人们普遍存在“烦恼”“孤独”“畏惧”“不安”的消极情绪，渴望得到爱与尊重，这种状况的根源与资本主义的社会制度有关，但也同人的需要的层次上升有内在的联系。马克思主义已经证明：只有进入发达的社会主义社会，才能满足人们日益增长的物质文化需要和精神文化需要，只有到了共产主义社会，人的全面发展的需要才能真正得到满足。

1.2 消费与人的需要的满足

1.2.1 需要与需求

需要和需求都是生活中人们对于缺乏的物品的渴望，虽然二者仅一字之差，但内涵上却大不相同。

需要问题原本是心理学、经济学、社会学和行为科学的概念范畴之一，但随着对人的问题和价值问题研究的深化，需要逐渐被提升到哲学范畴，并成为探讨人的问题的逻辑和历史起点。需要的内涵是个体在生活中缺乏某种东西在人脑中的反映，需要是客观的，它具有客观性的内

① 《马克思恩格斯全集》第 47 卷，人民出版社 1979 年版，第 260 页。

在属性。关于需要的概念界定包括：需要是人对某种目标的渴求和欲望，是有机体感到某种“缺乏”的心理倾向，为了维持正常运转（生存或发展）而必须与外部世界进行物质、能量、信息交换而产生的一种摄取状态，它是人与生俱来的活动，表现为人对客观事物的依赖关系。需要常常以一种“缺乏感”体现，以意向、愿望的形式变现出来，最终发展为推动人进行活动的动机。

对需要的追求成为现实的需求。需求是指人们在欲望驱使下的一种有条件的、可行的、最优的选择，这种选择使欲望达到有限的最大满足，即人们总是选择能负担的最佳物品，表现为消费者理论中即在预算约束下达到最高无差异曲线。“需”的客观性与“求”的主观性共同决定了需求的有限性和无限性，个体需求的适度满足应当是有限性和无限性的有机统一。

首先，需求不等于需要，需要也不等于需求。需要的重点在于需，它只在一定程度上代表人们对物品的偏好，而不去考虑能不能负担得起；而需求则是一个更大的范畴，需求不仅强调需，更重要的是要实现需。其次，需要包括物质需要和精神需要，通常表现为意向、愿望；需求是在有欲望的同时又能够有能力实现这种欲望，也就是经济学中的预算线与无差异曲线的交点处即人们的最佳选择点。最后，要想形成需求，就不仅要有对物品的偏好，还要有现实的购买能力。

1.2.2 需要、需求与消费

需求是有支付能力的需要，需求往往与消费结伴而生。这里可以简单将需求分为三类：当有所需而无所求或需大于求时，就是消费不足；当无所需而有所求或需小于求时，就是消费过度；当需等于求时，此时会形成最合理的消费，达到需求和消费的均衡。

所谓消费不足就是有需无求的消费，是人类的需要得不到满足的消费状态。随着生产力技术水平的进步，虽然人类生产的物质财富极大富足，人类社会已经由生产型社会转向消费型社会，但是地区消费不平衡、结构性消费贫困、清洁安全消费品短缺等消费不足矛盾依然大量存在，而且在不同的历史时期需求得不到满足的消费品的种类会逐渐转变，对消费不足的评价尺度和标准也会逐渐提高。比如，以前人类短缺的消费品可能主要是各种家用电器、高科技产品和宽敞楼房，以后上述各类消费品可能不再是人们需要的主要对象，人类的需求将转变为更高层次的需求，如新鲜的空气、安全营养健康的食品和生态宜居的乡村庭院。

所谓过度消费就是无需而求的消费，过度消费的本质特征是超越了人类的真实需要，是为满足虚假需要和异化需要而进行的消费。20 世纪以来，西方社会开始进入工业化时代和大众消费时代，使得西方国家开始进入消费主导的社会，生产方式的转变、生活方式和人们消费观念和思想意识形态的变迁，使得过度消费逐渐在欧美等发达国家蔓延，形成消费主义和消费异化现象。

所谓适度消费，就是消费行为和过程既要以保证个体自身的身体健康为底线，又要考虑自己真实的需要，既要考虑个体的需要的满足，更要以人的全面发展、以人类的人性提升为目标，而不仅仅将消费局限于外在的物质生活的享受，还应有利于人的内在的精神气质的生成。这里适度消费的“度”是具体的、相对的、历史的，它总是受制于个体的内在需要，更决定于生产力技术发展水平、风俗习惯等社会条件的制约。

需求具体包括两个方面的内容：一是消费者的实际需要。二是消费者愿意支付并有能力支付的货币数量。前者取决于消费者实际需要的商品的价格（P）和替代商品的价格（P_i）；后者取决于消费者的实际收入水平（I）和消费者的支付心理（E）。消费者的需求函数可以表述为：$Q = f(P, P_i, I, E)$，因此消费者的需求量由消费者的实际需要决定，受收入水平的预算限制，并且受到商品（包括替代品）价格的影响。也就是说需求是无限的，消费则是有限的，消费者的消费数量本质上由消费者的实际需要来决定。

消费也是一个经济学名词，是指利用社会产品来满足人们各种需要的过程，是人的需要获得满足和得以实现的过程。消费的根本目的是需要的满足或者说满足人的需要。人的生存性、享受性和发展性需要，都要通过消费来获取。作为结果的需要的满足与作为过程的消费活动虽然紧密相连，相辅相成，但二者之间并不完全一致，有时还会出现矛盾，从需要到满足需要的消费之间，必须经过需求的过程，只有需求得以实现，则消费才能顺利进行，需要也才能满足。当然，如果没有需要，只是一味地“求”得，就会出现消费过度或者消费不了，也不符合消费的本质含义。消费不足和消费过度都是需要和消费与需求的矛盾的外在表现。

随着人们生活水平的提高，人们对于消费的需求也逐渐多样化，在满足了基本的物质需求之后，对精神需要的层次则更为突出。与需要相对应，消费同样可以区分为生存型消费、享受型消费和发展型消费。比如服装消费，人类最初需要服装是因为服装有满足人们取暖和遮蔽身体的功能和使用价值，在生产力水平低下、收入不高的经济发展阶段，消费者对于服装购买的需求取决于服装的质量性能和价格，因此，消费者所购买的服装商品一般具有数量少、款式简单、技术性能高等特点。由于收入较低，有的穿就足够，所以购买数量较少，这就对服装布匹的质量标准要求较高，多数以涤纶、棉纶面料存在。而今，人们收入逐渐提高，人们对于服装的消费需要日益由生存型转变为享受型，保暖、结实、耐用不再是人们的消费关注点，服装的造型、色彩、款式、整体风格等方面的审美需要日渐提升。在审美需要的驱动下，消费者的心理需要不仅重视商品的内在质量，而且希望商品拥有完美的外观设计，即实现实用性与审美价值的和谐统一。消费者通过商品消费，一方面美化环境，为自己创造优雅怡人的生活空间；另一方面美化自身，塑造富有魅力、令人喜爱的个人形象。消费者还要求在购买和使用商品的全过程中享受到良好、完善的服务。良好的服务可以使消费者获得尊重、情感交流、个人价值认定等多方面的心理满足。对服务的需要程度与社会经济的发达程度和消费者的消费水平密切相关。现代消费中，商品与服务已经成为不可分割的整体，而且服务在消费需要中的地位迅速上升。消费者支付货币所购买的已不仅仅是商品实体，同时还购买了与商品相关的服务，其中包括售前、售中、售后服务。从某种程度上说，服务质量的优劣已成为消费者选择购买商品的主要依据，这就是为什么名牌实体店无论价格多高都有人消费的原因。又如情侣装，“情侣服饰”是最具竞争力的朝阳产业，情侣间对于爱意的传递都是在非理性的消费方式下表达出来，拥有犀利眼光的投资者们都看准这个潜在的商机，有一位营销大师说过，只要你有过一段热恋的经历就知道情侣的钱是多么的好赚，如果这服饰对他们来说有着非凡的纪念价值或者有助于增进感情的话，他们便会毫不犹豫地购买。此外，化妆品、居家家具、电器、日常消费品也都是如此，需要的多样化，促使生产者更多地了解消费者的心理需求，以促成消费。有时商家甚至可以通过意念创造商标符号引导消费者改变购买决策，人为创造需求和消费行为。

1.3 以人为主体的消费的本质

1.3.1 如何认识消费

“消费”最初的含义是耗费、消耗，在《辞海》中“消费”被定义为人们“为了满足生产、生活需要”使用“物质资料”的过程。马克思认为，任何经济范畴都是与当时的物质生产方式相联系的历史的理论体现。从19世纪开始，消费逐渐由贬义词演变为中性词，甚至作为褒义词使用，研究学科也从心理学、生态学、社会学、经济学等领域各自发展。在心理学领域，人们认为“消费”是一种符号的象征，是一种符号运作的系统，而不能仅仅是生物行为或者仅仅是一个经济问题。让·鲍德里亚（Jean Baudrillard，1970）在《消费社会》中提道：“消费是一个系统，它维护着符号秩序和组织完整。”[①] 社会心理学研究消费者的心理和行为并逐渐形成了一个分支——消费心理学，主要用于观察、记述、说明和预测消费者行为，致力于探索消费者特有的心理现象及其发展变化规律，比如在面子心理的驱动下，消费者购买时会超过甚至大大超过自己的购买或者支付能力，营销人员可以利用消费者的这种面子心理，找到市场获取溢价达到销售的目标。在消费心理学中，除了面子心理之外，影响消费者的因素还包括价值心理、规范心理、习惯心理、身份心理、情感心理、从众心理、权威心理、爱占便宜心理、炫耀心理、攀比心理等等。在生态学领域，周梅华曾将“消费”定义为人类对“自然物质和能量的改变”。从社会学角度看，“消费”无疑在人的自我实现中发挥着重要的作用，消费本来就是人的自我实现，是人类开始活动以来一直在进行的行为。如今有关消费的研究及理论多数以经

① 鲍德里亚：《消费社会》，刘成富、全志刚译，南京大学出版社2000年版，第68页。

济学概念出现在大众眼前，也是随着生产力变化而逐渐变化的结果。

经济学是最早也是最广泛研究“消费”的学科之一，在经济学领域，“消费”一词经历了由贬义词向中性词，直到今天变为略带“褒义”的中性词的转变。19 世纪之前，“消费”多作为贬义词，“崇尚节俭”是中西方共同的消费理念。在春秋时期，很多学派都提出过“节俭”的思想，管子就曾提到过：“纤啬省用，以备饥馑”。在西方的思想体系中，柏拉图最早提到“节俭”造成“和谐”，重商主义认为消费品是财富的组成部分，消费品的增加不仅可以使国家富足，还可以减少来自国外的进口，因此倡导节俭反对奢侈浪费，限制奢侈品的进口，采取贸易保护，鼓励贸易顺差，大力反对各种形式的铺张浪费，建议以消费税代替人头税和财产税。对于当时欧洲贵族的奢侈浪费，重商主义者给予了严厉的批判和谴责。

作为西方经济学开端的古典经济学家把国民财富作为研究对象，着重探讨影响国民财富增长的原因和条件，寻找增加财富总量的方法和途径，把经济学研究的目标从流通领域拓展到生产领域。作为古典理论生产关系的一环，古典消费理论更强调消费的地位和作用，认为人会由于自己的消费而变得有益，并把消费划分为生产性消费和生活性消费。威廉·配第按照支出是否有利于生产将消费分成五个等级：吃喝、衣服和家具、房屋和土地、开矿和捕鱼、经营金银事业，并指出生产性消费更利于财富的积累。亚当·斯密也认为，用于非生产性消费的部分越多，来年的生产规模便不能得到扩大，只有用于生产性消费的部分越大，才能不断地增进国民财富。斯密不支持生活性消费的开支过多，甚至提出了“奢侈是公众的敌人”的说法。究其原因，农业社会下较低的生产力决定了消费以“节俭”为重。古典经济学进一步将影响消费行为的因素划分为收入水平、消费者意愿、消费习俗和税收政策。西斯蒙第尤其强调消费习俗对个人偏好、心理因素对消费的影响，在他看来，“消费者的爱好可以随时尚的改变而改变，也可以随着移风易俗而改变；通过向一个国家输入更雅观、更方便或者比旧产品更便宜的产品，也可以改变消费者的爱好；随着人民群众的宗教信仰的改变，也可以改变消费者的爱好”。①

① 西斯蒙第：《政治经济学新原理》，何钦译，商务印书馆 1964 年版，第 457 页。

随着工业文明逐渐占据统治地位，人们消费观逐渐发生转变，“消费”一词也更偏向于中性词。在资本主义发展初期，“消费”甚至还被作为贬义词使用，1929～1933年的经济大萧条让经济学家意识到消费在社会良态运转中的重要作用，事实上，“刺激消费”对此次危机的渡过的确是功不可没的。此次危机之后，凯恩斯的思想逐渐受到重视，“消费”的概念也褪去了其贬义的色彩，逐渐演变成我们今天常用的定义。詹姆斯·穆勒认为，一切生产活动都是为了消费。魁奈指出消费是再生产必不可少的条件，消费对生产具有促进作用，“如果不去消费和使用，那么产品就会失去作用”。[①] 亚当·斯密则强调：“消费是一切生产的唯一目的，而生产者的利益，只在能促进消费者的利益时，才应当加以注意。这原则是完全自明的，简直用不着证明。”[②] 新古典经济学在边际效用理论的基础上得出需求定理，其假设消费者是“理性人”，在一定的预算约束下追求效用的最大化。马歇尔研究消费的出发点是人的欲望，在他看来，人的欲望必须用各种物品的效用加以满足，随着人类文化的提高和智力的发达，人类的欲望变得更为精细和更为多种多样，因此人们不禁追求消费的数量和质量，还追求消费种类的丰富和消费过程中的主观感受。精美华丽的衣服事物，除了满足感觉器官本身的需要之外，还可以满足人的“自豪感”，体面时尚的衣服，宽敞豪华的房屋，不仅是维持效率的必需品，也是在物质上求得社会声誉的最便利和最立竿见影的方式。因此，人们的消费行为不仅要满足物质上的需要也要满足精神上的需要，人们具有为优越感而求优越感的欲望。虽然前述理论都日益重视消费的作用，但是由于所处时代背景的约束，在消费与生产的关系中消费依然处于从属地位。

马克思从历史的角度看待“消费”的定义，尽管受制于当时时代与理论的发展仍然带有最初的含义，我们仍然可以看到他的消费理念包含了生态学、社会学等诸多领域的思想，同时与他的政治经济学理论融为一体，马克思在对资本主义社会消费问题和对资产阶级的强烈批判中逐渐形成了有关消费的思想和理论，其基本观点集中体现于《詹姆斯·穆勒〈政治经济学原理〉一书摘要》《1844年经济学哲学手稿》《〈政

① 魁奈：《魁奈经济著作选集》，商务印书馆1979年版，第103页。

② 亚当·斯密：《国富论（下卷）》，郭大力、王亚楠译，商务印书馆1972年版，第227页。

治经济学批判〉导言》《资本论》及其手稿中。马克思认为生产和消费是直接同一、相互创造的。所谓直接同一是指物质资料的生产过程本身就是一个消费过程，消费过程本身也是生产过程，即“生产直接也是消费，消费直接也是生产”①。所谓相互创造是指消费提供生产观念上的内在动机，而生产出来的产品创造了消费者的消费需要，即“消费生产着生产，生产生产着消费”②。马克思认为消费活动贯穿人类生活的始终，作为人类生存的基本方式，消费的本质是满足和创造人的需要，是人们在满足自己生存和生活需要的过程中产生的一种社会现象。进一步，马克思将“消费”划分为生产性消费和生活性消费，生产性消费又分为生产资料消费与劳动力消费，个人消费又分为资产阶级的个人消费和工人阶级的个人消费。本书重点关注的是个人的生活消费。

1.3.2 以人为主体的消费的本质含义

消费的本质是人们在一定的环境中，在一定观念的影响和支配下，利用客体以满足自身生存、享受和发展等需要的过程，消费可分为生产消费和个人生活消费。本书所讲的消费，主要是指生活性消费，但是在具体时代背景中的消费的问题并不仅仅存在于生活消费领域，也存在于生产性消费领域，涉及生产性消费时本书会特殊注明，其余情况下都是指生活性消费。对“消费本质”的理解可以从以下几个方面解读：

首先，消费的主体是人，同样消费的目的也是为了满足人的需要。这里的“人”不是指的个体的人，更不是某一个人，而是代表大多数的整体的人类，是个群体概念，为了将个体人与整体人作出区分，本书将“个人”指代个体的人，用“类”指代整体的人，整体的“类”包含了个体的“个人”。任何出于资本增殖或单纯数据的经济增长的指标所要求的消费扩大都要首先审视其最终目的与“类”的主体指向性是否一致。

其次，人的需要作为人的定在是现实的人的本性，具有客观性和丰富的内涵。需要是个体系，有生存型、享乐型、发展型等层次之分，且在不断生成和发展过程中，需要与欲望、想要、需求之间具有内在关联

① 《马克思恩格斯选集》（第2卷），人民出版社1972年版，第93页。

② 《马克思恩格斯全集》（第26卷），人民出版社1972年版，第159页、第210页。

但是又不能完全混同。需要是一定环境中的人的客观感受，而需求是一种主观购买欲望和能力，有需要没有购买力不能称之为需求，有购买之实而无需要之必要则是无“需”而“求”的消费，是虚假需要和异化的需要引起的消费。

最后，消费受到环境、观念的影响，人的消费行为不仅仅是单纯个体的独立性选择。在现代工业社会，尤其是20世纪30年代经济危机以来，消费对于促进经济增长、解决生产相对过剩、实现资本价值增殖意义非凡，在资本逻辑驱使下，消费逐渐超越人的真实客观需要被激发出来形成现实的占有欲望和购买力，这种病态的需要已经被人为放大，这种消费行为也早已脱离消费的本质内涵，成为一种非理性的异化的消费。

第 2 章　消费文明变迁与消费异化

2.1　消费与生产

2.1.1　生产与消费的概念

1. 生产的界定

生产是指人类创造财富的过程，包括物质财富、精神财富和人类自身的再生产。狭义的生产，仅指人类创造物质财富的过程。生产体系包括生产、分配、交换和消费，生产是生产体系的第一环节。生产分为三类：第一，物质财富的生产，指人们满足日常生活的衣、食、住、行等消费品都属于物质财富的生产。第二，精神财富的生产，指人们为了满足精神需要所进行的生产，如电影行业的诞生。第三，人类自身的再生产，指人类为繁衍后代所进行的生产。在《德意志形态》中，马克思和恩格斯将这三种生产分别称为“自己生命的生产”“思想、观念、意识的生产”“他人生命的生产”①。

物质财富的生产、精神财富的生产和人类自身的再生产是相互联系的。物质财富生产是精神财富生产和人类自身再生产的基础，只有人类所需要的物质资料得到满足，才会对其他两类生产产生需求；人类自身的再生产是物质财富生产和精神财富生产的前提，首先要有人类的存

① 《马克思恩格斯选集》，人民出版社 1995 年版，第 72 ~ 76 页。

在，才能通过劳动创造人类需要的物质；精神财富的生产反作用于物质财富生产和人类自身的再生产，人类精神需要得到满足将在很大程度上促进生产，反之，将不利于生产的进步和发展。

2. 消费的界定

消费是指利用社会产品来满足人们各种需要的过程，是人的需要获得满足和得以实现的过程。人的生存性、享受性和发展性需要，都要通过消费来满足。消费是生产体系的最后一环，对于生产的实现发挥着重要作用。消费分为生产消费和个人消费：生产消费是指生产者对生产资料和劳动力的消费以实现再生产；个人消费是人类通过对物质资料的消费来满足个人需要，也是本书所研究的消费。马克思将需要划分为生存性、享受性、发展性需要，个人消费也可以划分为生存性消费、发展性消费和享受性消费。

2.1.2 生产与消费的关系

1. 生产决定消费

首先，生产为消费提供对象。人们所能够消费的物质都是由生产创造出来的。如果各种物质资料没有被生产创造出来，人类就不会有丰富多彩的消费活动。例如，在新中国成立初期，生产力水平极其低下，由于生产设备和技术水平不够先进，资源利用率较低，因此，企业生产出的商品种类单一，产量水平普遍低下，人们除了可以消费企业生产出来的为数不多的几种产品外，别无选择，从马克思需求论角度讲，只能满足人们的生存性需要；随着经济的发展以及现代化水平的提高，生产技术水平在很大程度上得到提升，资源利用率也随之升高，加之市场经济的发展，使种类齐全的商品在全国甚至全世界范围内流通，人们可以选择不同品牌、样式、价格区间等具体产品标准进行消费，不仅获得了生存性需要，也使发展性需要和享乐性需要逐步得到满足。

其次，生产决定消费的方式、性质。生产者生产的物质资料种类繁多，从而使生产领域产生各种各样的消费媒介。因此，消费媒介的不同，也决定了不同的消费方式，正如马克思所说："饥饿总是饥饿，但是用刀叉吃熟肉来解决的饥饿不同于用手、指甲和牙齿吃生肉来解决的饥饿。”① 例如，计算机的生产与发展，使互联网的应用普及，消费领域出现了淘宝、京东等各具特色的电子商务平台，人们足不出户就可以购买到任何所需要的产品，这与传统的通过集市、商店购买产品方式大有不同。又如，在古代，皇帝想要看歌舞表演、听曲乐等只能通过艺人在固定的场所表演来实现，而现在，手机的出现使人类可以随时随地看表演、听音乐。此外，生产固定了消费的质和量，生产的物质内容越丰富，消费的数量也就越多，质量越高。

2. 消费反作用于生产

在生产流通体系中，消费并不是一直处于被动地位，消费对于生产具有积极的反作用。

首先，消费使生产得到最终实现，为再生产创造条件。生产者生产的产品，只有进入消费环节才能成为现实的产品，使整个生产过程顺利实现。倘若只有生产创造没有产品消费，生产流通体系的最后一个环节就得不到实现，则商品的再生产也就无法进行。一方面，生产的产品未能被消费，导致大量的资金以库存的形式停滞在生产过程中，再生产没有充足的资金支持；另一方面，没有产品消费，劳动力的再生产就不可能实现，没有劳动力的参与，何来生产流通体系呢？

其次，消费为生产提供目的和动力。一方面，消费是生产的目的。人们从事生产的各种活动，最终是为了将产品销售出去，尤其在资本主义生产关系中，获取剩余价值是资本家进行生产的直接目的，而产品正常销售是获取剩余价值的保障，如果生产创造的物质没有被消费，那么生产就失去本质意义。另一方面，消费是生产的动力。生产者往往会根据不同产品的销售情况制定产品的销售策略，通过调整产量、产品类型、质量等产品要素实现企业平稳向上发展。例如，传统手机的衰败与智能手机的兴起。根据数据显示，2007 年，诺基亚手机占中国手机销售总量近四成，并且连续 3 年获得销量第一。与此同时，苹果公司在这一年推出带有独特苹果系统的第一代智能手机 iPhone 1，在社会上引起强烈反响，好评如潮。接着，嗅觉灵敏的谷歌公司也意识到 3G 时代的

---

① 《马克思恩格斯全集》（第 46 卷）（上），人民出版社 1979 年版，第 29 页。

带来，迅速发布了安卓系统，包括三星、摩托罗拉在内的30多个公司宣布加入，许多名不见经传的小公司纷纷借助安卓系统生产智能手机，销量非常可观。这些智能手机的生产者正是意识到消费者偏好的变化，抓住商机，在手机行业大变革的浪潮中找到自己的立足之地。而作为手机行业龙头的诺基亚，在转型中依旧坚持在2G时代开发，导致其塞班系统灰飞烟灭的同时，公司也面临被兼并的命运。正是消费者对3G时代的要求使手机生产者不断进行创新，整个行业更新换代，到目前，智能手机一直保持着平均每两个月更新一次的频率，以满足消费者的需求。

3. 生产与消费的关系

消费与生产相互影响，消费引导生产，生产促进消费。马克思认为生产和消费是直接同一、相互创造的。所谓直接同一是指物质资料的生产过程本身就是一个消费过程，消费过程本身也是生产过程，即“生产直接也是消费，消费直接也是生产”[①]。所谓相互创造是指消费提供生产观念上的内在动机，而生产出来的产品创造了消费者的消费需要，即“消费生产着生产，生产生产着消费”[②]。

随着社会生产力的发展，当今社会日益表现为消费主导型社会。在生产力水平低下时，受技术水平和资源环境的制约，生产者的产量普遍低下，社会呈现一种生产者生产什么，消费者就消费什么的局面，即生产与消费的关系更多地表现为生产主导消费，甚至在计划经济时期，消费者消费什么、消费多少都要通过国家统一规定。而随着生产力的发展以及生产技术水平的提高，生产者的产量大幅度提高，加之经济体制的变革，市场经济应运而生，产品市场呈现出供大于求的局面，买方市场占据主导地位。因此，生产与消费的关系中消费逐渐占据主导地位，逐步进入消费主导型社会，加之消费在生产流通体系中发挥着至关重要的作用，在消费出现不健康发展的情况下，研究消费文明、打造绿色消费体系势不容缓。

---

① 《马克思恩格斯选集》（第2卷），人民出版社1972年版，第93页。

② 《马克思恩格斯全集》（第26卷），人民出版社1979年版，第159页、第210页。

2.2 消费文明变迁

2.2.1 消费文明的变迁与演化

从经济学角度来看，消费是生产关系四环节中的最后一个基本环节。其中，生产是起点，分配和交换是中间过程环节，消费是终点。

在传统社会，以家庭小农经济为特征的农业生产占主导地位，生产力水平较低，物质匮乏，囿于落后的生产方式和紧缺的社会财富，总体上是重视财富积累和生产而限制或忽视消费需求的，因此，长期以来人们是把消费看作财富和生产的对立面。在生产与消费的矛盾和对立中，人们更加强调生产的财富积累效应，而将消费看作对生产具有抑制的“反作用”，相应的消费文化更加提倡勤俭节约和禁欲主义。这种“黜奢崇俭”的消费观是生产力水平落后状态下应对物质短缺时代生产无法满足消费需求矛盾的客观要求和必然结果，这是传统的生产方式的产物。传统社会的消费文明呈现出以下几种特征：第一，等级差异性。我国传统社会的消费观念深受儒家思想的影响，儒家思想的创始人孔子十分注重等级秩序，对于财富的占有依然带有深深的等级烙印。儒家提倡“均无贫”的思想，表面意思是实现全社会的财富均等化，消除社会各阶级的财富占有差距，实际上却是相反。实际上，“均无贫”仅仅是提倡在相同等级内实现财富的趋同，而并不是打破等级观念在全体社会成员中实现均等。在这种情况下，处于社会最底层的广大劳动者占有很少的财富，生活贫苦，即使是终日劳碌也不一定实现温饱，因此生活极其节俭。处在社会上层的人则恰恰相反，几乎毫不费力就可以获得大量财富，挥霍行为比比皆是，因此这才有了那句著名的“朱门酒肉臭，路有冻死骨”。第二，局限性和短期性。我国古代是以自给自足的小农经济占主导，由于自家生产的产品基本足够家庭使用，因此几乎不会再消费在家庭产出之外的产品，基本没有多少支出。但是一家一户的小农经济，生产工具落后，生产力低下，生产的产品数量有限，再加上古代家庭生养众多，均摊到个人身上的食物、物品就显得不足。因此社会成员会更加关注自身的生活状况，工作上更加努力，消费上也更加节约，为了家庭的生存，思想观念相对狭隘，没有站在社会整体的角度看待问题，没有抱着实现社会利益最大化的目的进行生产。这种生产和消费方式具有明显的局限性，因此封建小农经济不能适应生产发展的历史趋势。

从20世纪80年代至今，我国的消费观念及方式发生了显著的变化。按照消费的年代特征大致可以分为以下三个时期：（1）20世纪80年代——寻求温饱。1978年我国刚刚开始实行改革开放，绝大部分市场没有完全放开，计划经济依然占据主导地位。由于国家当时生产力水平不高，物资短缺，因此各种票据仍是人们主要的购买凭证，买粮食要有粮票、买油要有油票、买布要有布票等等，即使有再多钱如果没有各种票据也购买不到需要的物品。在各种物品不足以满足人们需要的时代，人们的愿望只能是实现温饱，根本不敢想象如今可以穿着款式各样、色彩丰富的服装，吃到种类繁多、营养美味的食物。1987年，风靡全球的洋快餐肯德基在北京开设第一家分店，但是5元到10元的消费价格让人们一时难以接受，人们都认为这样的价格对于自己来说太过奢侈。在服装方面，相比较20世纪70年代来说，国人的服装消费观还是进步了很多，开始逐渐出现蝙蝠衫、喇叭裤等时髦的服装。虽然当时人们对于这些服装的消费还有些放不开，但这股潮流已经逐渐蔓延且势不可当。进入20世纪80年代中后期，得益于改革开放的深入，人们的收入水平逐步提高，激发了普通家庭对于家用电器的消费欲望，如冰箱、彩电、洗衣机这样的大件一直占据着国人家庭消费的重要位置。（2）20世纪90年代——消费转型。随着市场经济的深入发展，人们的收入水平得到极大提高，高收入带动购买力及消费欲望的解放。1993年，我国正式取消粮票政策。人们再也不被限制消费，再也不只局限于满足温饱，只要有足够的经济收入，就可以实现应买尽买。在饮食方面，人们几乎是想吃的食物都能购买到，过去只有在重要节日才能吃到的食物如鸡鱼肉等也出现在百姓的日常餐桌。肯德基已不再是唯一的洋快餐，各种国外美食蜂拥而至，韩国料理、泰国饮食、法国餐厅……越来越多的饮食供人们选择。在着装方面，皮夹克、牛仔裤等随处可见，人们不再羞涩于表现自己，而是大胆地追求自己的个性。在沟通方式上，更是出现了电话、“大哥大”等划时代的创造。虽然由于造价昂贵，只有少部分人能买得起，但从此人们的沟通发生了翻天覆地的变化。20世纪90年代，中国人的消费已不再像80年代那样只满足于实现温饱，而是开始注重消费的质量如消费的多层次性和多样化，更加寻求生活的乐趣。（3）进入21世纪——消费多元化。进入21世纪以来，人们的生活水平更是上了一个新的台阶，各种厂家、企业顺势推出了形式各样的消费项目。在饮食方面，人们越来越倾向于到各种餐厅，就连平时的聊天、聚会也会选择肯德基、星巴克等场所。在满足基本生活需要后，人们更加注重娱乐及享受，健身、K歌、看电影、玩棋牌等日益成为日常生活的一部分，旅游尤其是境外游得到越来越多人的喜爱。在沟通方式上，手机不再是少数人的专属，随着手机价格的降低，手机几乎成为每个人手中的必备品。人们的交流方式已不再局限于手机，互联网将世界连成一个整体，进一步加强了不同地域间人们的交流。近些年来，"绿色消费""健康消费""个性消费"等逐渐成为人们的主流消费形式，生产力发展带来的这一切使人们享受其中，但消费的不合理和非理性状况却越发明显。

2.2.2 当代消费方式

改革开放以来，我国经济得到飞速发展，据统计，1979~2018年，我国经济总量年平均增长9.4%，2018年我国人均国民总收入达到9732美元，高于中等收入国家平均水平。城镇化率从1978年的17.9%上升到2019年的60.6%。随着社会的发展，尤其是市场经济的发展，人们的消费方式逐渐由市场来主导。西方经济学稀缺性假设指出人们的欲望是无限的，市场就如一面镜子，将人们内心的欲望映照无遗。市场紧紧抓住消费者的炫耀心理，推出各种时髦的产品，诱导消费者尤其是青年人进行购买。消费主义给了人们这样一种错觉：老一辈的特质已经远远跟不上时代的步伐，而年轻一代的特质必须要通过各种消费来展现。消费主义就是这样一点点消磨人们的信心，为了得到别人的肯定和关注，通过消费各种产品和服务，来使自己的特质看起来更加真实和显眼。为了追求更高的经济利润，同时也利用消费者想要彰显自身身份地位的性格倾向，企业绞尽脑汁赋予产品新的概念，而不是单纯性能上的提升。最重要的前提是通过广告将消费者渴望得到的特质传递出去，虽然这些特质跟产品本身可能并无关联。例如，明星代言实际上就是利用明星的特质来营销产品，由于文艺、影视各界的明星作为普通百姓崇拜和争相模仿的对象，明星产品也逐渐被追星族所推崇，虽然明星本身可能并不使用这些产品，但人们很容易就将明星身上的特质联系到产品上，转化为消费者实实在在的消费和购买行为。事实上，在满足人们生存的基本需要上所花费的成本实在很低，人们生存的必需品——空气——是完全免费的，水的消费成本也极低，基本的食物如蔬菜、水果、豆类的价格非常便宜，因此可以说除了满足人们基本的吃、穿、住、行、用等生存必需之外的东西都可以归结为奢侈。

这种奢侈性消费伴随着社会的发展和进步与日俱增，奢侈性消费主要有两个动因：一个是满足自身过度的享受；另一个是为了提升自身的社会评价即面子消费。现今社会面子消费几乎成了奢侈性消费代名词，因此在这里重点论述面子消费。面子消费主要包括时尚消费、炫耀性消费、攀比消费和人情消费。

时尚消费是消费者热切地追随一种产品或服务。时尚在消费者中的传播速度就如病毒的传播一样极其迅猛，能够迅速地由少数一部分人蔓延至大多数人。那些想让自己变得突出和引人注目的消费者更加热衷于时尚消费，他们不想与“落伍”“不合拍”等词有任何联系，而是希望可以被冠以“时尚”之名。时尚消费的流行大致有以下几个原因：消费者心理需求发生变化，比如现在人手一部的手机，已经成为人们生活中的必需品，正是这种需要使手机如此流行；广告、信息的传播，会潜移默化地影响人们的观念和行为习惯，促使人们形成趋同的行为方式；社会文明的发展进步，促使人们的审美观念发生改变，进而推动流行的产生。

炫耀性消费是有一定收入水平的消费者对一些商品进行的超出其实用价值的消费。这种情况下，消费者在购买商品时在意的不再是它的使用价值，而是希望通过这种商品显示自己的身份地位。炫耀性消费的代表为奢侈品消费，处于一定社会环境中的人们注重面子，因此即使是价格昂贵的奢侈品也仍有广阔的销售市场。据统计，2016 年中国奢侈品销售额占全球销售总额的 21%，是全球第二大奢侈品销售市场。年轻一代正逐渐成为奢侈品消费的主力，2017 年 30 岁以下的奢侈品消费者占到 48%。奢侈品销售日趋电子化，这更方便了人们对奢侈品的购买，尤其是境外奢侈品的购买。价格昂贵的奢侈品只不过是炫耀性消费的一种，实际上炫耀性消费是不分花钱数额的，比如为了生意购买昂贵的礼品送人，商务约谈选在高档餐厅，这些都属于炫耀性消费。

攀比消费是消费别人已经有的商品。由于消费的攀比性，会促使商品销售量大增。当一种商品被大多数人拥有了，其他人便也想有一件，最明显的例子就是手机的购买。从 20 世纪 90 年代开始出现在国内的手机在短短 20 多年的时间内几乎实现每人一部，除了手机具有强大的沟通功能外，攀比心理起了重要推动作用，尤其是当手机基本功能都能满足的情况下，很多年轻消费者盲目追求国外品牌商品的现象，甚至超出自身消费能力去延期支付，此时攀比消费往往使自己或家人承受巨大的经济压力。攀比心理的形成往往与父母的行为习惯、思维方式等密切相关，如果父母有一个正确的价值观和消费观一般也会给孩子树立好的榜样，此外教育经历也会影响个人的消费观念。具有攀比心理的消费者往往对自己缺乏自信，总是觉得自己的生活不如别人，因此习惯于以别人为参照进行消费。

人情消费是用于人际交往的支出。我国向来是人情社会，相互馈赠礼品、宴请客户朋友等是司空见惯的事情。但近些年来，人情消费的支出越来越高，甚至成为人们的一种负担。逢年过节、婚丧嫁娶、添丁增岁、乔迁新居等各种各样的事项都需要给红包，并且这种人情消费的成本越来越高，尤其是当代毕业的大学生，结婚的份子钱甚至以万元计，这远远超出刚刚毕业大学生的承受能力，大学生收入水平提高的速度远远赶不上红包膨胀的速度。

社会各界深刻意识到人们的消费行为日益偏离消费的本质，因此开始大力呼吁丢掉不合理的消费方式，打破消费异化，回归消费本质，实行绿色消费。习近平总书记在 2017 年 5 月 26 日中央政治局集体学习中，特别强调“绿色”，强调要进行绿色发展和绿色生活，这是发展观的深刻变革。这需要社会上的每个人都转变之前固有的观念，重新树立正确的价值观和消费观。在党的十九大报告中，习近平又一次提到“绿色”。习近平强调要推进绿色发展，“壮大节能环保产业、清洁生产产业、清洁能源产业”，“倡导简约适度、绿色低碳的生活方式，反对奢侈浪费和不合理消费，开展创建节约型机关、绿色家庭、绿色学校、绿色社区和绿色出行等活动”①。因此，转变消费方式、进行绿色消费势在必行。

2.3 消费异化的表现及弊端

2.3.1 消费异化的表现

马克思较早地系统阐述了异化的概念及产生异化的根源，只不过马克思的异化是从劳动的异化开始的，由于西方社会较早进入消费时代，消费异化也主要是由西方马克思主义理论家引出并用来分析当代社会的。异化的含义是指事物在发展变化中逐步走向自身的对立面，消费异化是指消费行为偏离了为满足“类”的需要的本真价值和目的，为了满足虚假需要而进行的无“需”而“求”的消费。产生消费异化的根本原因是市场经济体制下的资本逻辑使消费从属于价值增殖的消费者奴役状态，在其引导下的消费观和消费主义导致人们消费欲望的病态化。消费异化是财富占有成为衡量人的价值尺度的工具理性的结果，这里的工具理性是指消费作为满足人的需要的行为，却转变成为衡量人本身的工具，消费异化的实质是通过消费欲望的激发及消费符号化实现消费对人的主宰和控制。

消费异化集中体现在消费主体客体化和消费客体主体化，最终表现为消费行为主客体工具化。从根本上说，消费就是人的需要获得满足的过程，其根本动因是满足人的需要，消费的主体是人，消费的最终指归也是为了人，消费的客体——物质，也是为人而存在、因人的使用而消失。而异化的消费已经不再是为了满足人的需要，而是为了满足资本增殖的需要，消费的主要功能和意义变成了对过剩产品的消耗，消费成为支撑经济增长和实现剩余价值的工具和手段。因为只有消耗掉这些过剩产品，实现新的商品价值的“惊险的跳跃”，才能使再生产得以继续，才能成为拉动经济增长当之无愧的“三驾马车”之一。无论是工人生

① 习近平：《决胜全面建成小康社会　夺取新时代中国特色社会主义伟大胜利——在中国共产党第十九次全国代表大会上的报告》，新华网，2017 年 10 月 18 日。

产劳动中的体力消耗还是消费品的购买和使用，都出自同样一个对生产力进行扩大再生产并对其进行控制的巨大逻辑程式中，只是资本链条上的工具，其目的是为了更多的货币，而不是为了人的生存。在资本的谋划下，人沦为消费的工具，消费宰制着人，正如弗洛姆（Fromm，1986）所说："在工业化的国家，人本身越来越成为贪婪的被动的消费者，物品不是用来为人服务，相反，人却成了物品的奴仆。"① 金钱或货币所表征的消费品的数量和质量代替了生存和幸福成为人们奋斗的目标，成为衡量人本身价值的工具，然而这些工具的升级并未为人们带来持久的存在感和幸福感，消费者反而更加消沉，沦为客体，成了消费动物和消费工具。

这种僭越消费本质的消费异化外在表现在奢侈性消费、炫耀性消费、超前消费、过度消费、一次性消费、虚假消费、非理性消费、消费膨胀、消费不公等一系列的消费样态中，这种非自然的被人为地幻造出来的需求在一定意义上推动了生产和经济的增长，但是社会发展的原动力在于需要，而不是消费，非自然地盲目鼓动人们消费最终必将陷入新一轮非自然，带来新的经济危机。马克思在对虚假消费的论述中也强调："在私有制范围内，每个人都使别人产生新的需要，力图创造出一种支配他人的、异己的本质力量，以便从这里面找到他自己的利己的需要的满足。"② 这里的"自己的利己需要"实际上就是资本家对利润的追求，为了获得更多利润，资本家通过各种方式创造需要和消费欲望，而这些消费无疑是超越了人的真实需要的虚假消费和异化消费，充分展示了隐藏在消费铜镜里的"工具特性"。这种消费方式奉行消费的价值就是自我的价值，以丧失未来的自由为代价换取今天欲望的满足，迫使经济体系不断向自然界透支，且永无止境，必然走入非自然境地，也必将受到自然的惩罚。

消费异化必然带来如下结果：大量产品未被使用或使用率严重不足；产品的价格显著不代表产品的价值；消费对象符号化；产品过剩带来的极大的资源浪费和环境污染；产品更新速度快，淘汰率高，短期生产行为倾向及劣质品充斥市场；消费者行为选择的不自主和不自由，导致消费行为非理性，消费品不必要；消费异化激发的对物质的外化或外

---

① 弗洛姆：《在幻想锁链的彼岸》，张燕译，湖南人民出版社 1986 年版，第 174 页。

② 马克思：《1844 年经济学哲学手稿》，刘丕坤译，人民出版社 1979 年版，第 85 页。

在占有欲望引发消费膨胀，消费者关系工具化及消费不公，正如马克思所言，这种状况必然导致“一切肉体的和精神的感觉都被这一切感觉的单纯异化即拥有的感觉所代替”①，当这种占有物质的方式占据了人的消费行为决策时，人的存在就趋向于用物来衡量的单向度的人，这就是人的异化。而作为消费主体——人的创造性，人的价值和尊严，人的生存的意义都在“欲望”的满足和“物的占有”中丧失，大部分消费者都参与到一场关于区分差异、身份、个性的消费游戏中，资本家通过对符号化的消费品的掌控控制并影响人的消费决策，实现了资本对人的流通领域的剥削和资本的第二次增殖，人亦异化沦落成消费动物。受市场经济体制内工业经济的宰制，这是一种消费异化中的黑色购买，是黑色文明下的黑色经济，是黑色经济环节中的黑色消费。至此，消费隐藏在市场经济体制里的“工具特性”暴露无遗。

2.3.2 消费异化的弊端

第一，人们生活的幸福感降低。随着市场经济的深入发展，人民收入水平日益提高，温饱几乎不是问题，人们的消费欲望受到市场的影响越来越大，攀比、炫耀等不健康的消费心理逐渐主导着人们的消费行为，人不再被自身主导而是被外界控制，在社会的圈子里过着不属于自己的生活，在追求时尚、潮流中迷失自我，表面光鲜，却没有得到自己真正想要的。人们在内心憧憬一个世界，而在实际生活中却追求着别人眼中的“理想”世界。生活质量衡量标准更加注重“量”的增多而不是“质”的提升，物质高于一切的价值观扭曲灵魂，虽然物质水平提升了，但是生活的幸福感却在降低。

第二，加剧生态危机。由于消费异化的产生，企业的生产从自给自足逐渐向过度生产倾斜，为了降低生产成本以获取更多的利润，无视生产过程中出现的负外部效应，以破坏生态环境为代价来扩大收益，使整个社会处于过度生产和破坏生态环境的恶性循环中。此外，大量没有真正使用价值的物品被生产出来，当这些物品不符合潮流的趋势时就会被当成垃圾抛回大自然，进一步加重生态危机。

---

① 《马克思恩格斯文集》（第1卷），人民出版社2009年版，第189~190页。

第三，加重社会不平等。在资本主义生产关系中，企业家与雇佣工人是剥削关系，生产收益的大部分由企业家占有，因此，企业家的消费能力要高于普通工人，可以从消费中获得更高的满足感。由于消费异化，消费的产品不再是为了满足自身需要，而是变得越来越符号化，更多是因为其可以彰显消费者身份和地位等进行消费。人们在这种不健康的消费环境中抛弃了传统的节俭美德，追求享乐主义，增加对奢侈品的购买力，使得社会上的穷人越来越穷，贫富差距拉大，社会消费的不平等现象日益严重。

2.4　消费异化与黑色消费

随着生产力水平的提升，生产技术逐步完善，加之市场经济的快速发展，生产企业的产量迅速增加，生产由自给自足上升到产能过剩的状态。大量的产品被生产出来的同时，对应着大量的资源被消耗。生产厂商为了使自身能够占据一定比例的市场份额，往往不顾资源的存量状态和大自然的承受能力，盲目进行生产，资源过度消耗，造成污染。

一方面，企业盲目生产导致资源过度消耗甚至枯竭，尤其是像煤、石油、天然气等非可再生资源，一旦被开发利用，短时间内无法再生。例如石油，我们目前开采的大多是地表的石油，这一类石油是古代海洋或湖泊中的生物经过至少 200 万年的演化形成的。倘若我们不受限制地使用这些资源，将会对我们子孙后代造成威胁，无法实现可持续发展。然而，在日常生活中，大量的消费者为了显示和炫耀自己的身份，只关注商品的符号价值，购买种类多样的装饰和摆设物件，这些高档品几乎没有实用价值，却在生产过程中消耗了大量的稀有资源，严重超出正常生产过程中资源消耗量，造成无端的浪费。

另一方面，消费异化加速了消费品的更新换代，导致大量消费品被废弃，不仅浪费资源，而且对生态环境造成了严重的负面影响。据统计，2016 年，中国一共生产了 450 亿双一次性筷子，相当于砍伐 2500 万棵树。目前，世界上平均每年损失耕地面积 9%，大面积的土地沙漠化致使部分地区水土流失严重。除此之外，土壤的消失也威胁着众多生物的生存家园。据研究，在存在植被覆盖土壤的情况下，19 厘米厚的土地需要 100～400 年才能够被大自然创造出来。也就是说，一旦土壤遭到破坏，众多生物会濒临灭绝，人类自己的生命也会受到威胁。自然界是人类物质和能量的来源，与人类的生存息息相关，人们应该学会适度利用资源，与自然和谐相处。除此之外，虽然出现了科学的垃圾处理技术，但是在大多数的农村，广大农民依旧采用焚烧的方法处理垃圾，大量的二氧化硫、氮氧化物进入空气，刺激人的眼鼻喉和肺部等器官，增加感染的发病率。

每个人的生活都离不开消费，尤其是随着收入水平的提高，生活质量的要求标准上升，人们更注重提升消费水平。但这些消费行为中真正满足人们需要的消费越来越少，盲目消费的成分不断增加，购买的很多东西甚至从未被使用，这是一种极大的浪费和消费不理性。

黑色消费的现象不仅仅存在于现实世界，虚拟游戏世界也是如此。现如今，各种各样的游戏充斥着我们的生活，在缓解压力放松自己的同时，也使越来越多的消费者沉迷于游戏无法自拔，青少年的表现尤为明显。据数据显示，2017 年，腾讯在网络游戏上的收入为 978.83 亿元，如果把单机游戏也算进来，腾讯游戏在 2017 年的总收入突破 1000 亿元，像市面上的主流游戏英雄联盟就是该公司旗下的，游戏中有多种英雄，不同的英雄可以换多种皮肤，皮肤价格从几十元到一两百元不等，许多消费者为了追求好看、新鲜感，或者让游戏角色体现自己的品位而购买皮肤，甚至于购买多个或多种皮肤，使许多皮肤闲置下来。又如暴雪娱乐公司推出的魔兽世界、守望先锋等游戏，在中国风靡一时。魔兽世界是按照时间收费的，玩的时间越长，收费也就越高，许多消费者可能只是为了追求新鲜感或者因为从众心理而尝试购买一点玩耍时间，但这种游戏最可怕的就是一旦上瘾就需要源源不断地往里面充钱；而守望先锋与魔兽世界的收费方式不同，守望先锋是一安装就需要购买，在中国，一款普通版游戏的售价是 188 元，典藏版的售价为 328 元，这款游戏曾创下 20 天销售额破 1000 万元的销售纪录。在游戏公司如此巨大的收入中，很大一部分是消费者的非理性消费或者说是病态消费造成的。

人们的消费可能不是为了自身真正的需求，而是为了使自己更加“合群”，更符合潮流趋势，这是一种攀比心理或者从众心理影响着人们的日常生活，部分中小学生甚至大学生宁愿省下自己半个月的生活费也要买一款新游戏。玩游戏未尝不可，但是应该理性地看待游戏，不能因为市场对某一款游戏大力推崇就一定要去跟风尝试，当游戏超越了其娱乐价值而成为人们互相攀比的工具时，这种非理性的消费行为就应该制止。

无论是在现实世界还是在虚拟世界，消费异化的例子比比皆是。我们每一个人都喜欢追求新鲜感，使自己的的生活充满乐趣，但是并不是所有新鲜的事物都要去尝试，在新鲜事物出现时，要学会辨别是非，明确新鲜的事物是否有尝试的意义，同时也要明确是否有相应的经济能力。

第二篇　现代消费社会的现象性批判与政策反思

消费异化是一种在市场经济制度环境的系统作用中不断膨胀的个人行为的扭曲，这一制度环境具有强资本逻辑性和超意识形态性，它通过强化个体功能主义、假借技术工具实用论对消费者进行驯化和渗透，致使所谓“理性”的个体消费演变成主动的集体非理性消费行为，形成占有性、浪费性、大众性、掠夺性消费主义，分散了人们对社会问题的注意力，实施对消费者的资本控制和操纵。

第3章　资本逻辑下的消费膨胀

3.1　市场经济体制中的资本逻辑

市场经济体制下的资本逻辑是一种超意识形态，资本作为占支配地位的现代生产关系，成了一种主体性的存在，其活动历程具有必然内在联系、运动轨迹和发展规律。它是以“资本基本主义”为原则、以资本为中心构造的一种现代生产关系和社会经济权力系统，其基本经济制度是资本雇佣劳动，具有资本的总体性与宰制性、资本的扩张性与侵略性、资本的矛盾性等特征。市场经济体制下，资本作为社会经济生活中占支配地位的生产关系和经济形态，成了一种本体性的存在，其活动历程具有内在、必然的联系，遵循资本价值增殖的运动轨迹和发展规律。

资本逻辑衍生出“生产与扩大再生产”的动态结构，表现为“总体化”的多重存在形态，蕴含着全面发展生产力的积极趋势与限制生产力发展的消极局限性之间的内在矛盾，并孕育着从“无限扩张”到“自我克服”的演化趋势。资本作为宰制性的经济权力，采取“向外扩张”与“向内吸收”相互结合的方式不断改变社会生活，使其挣脱传统生活方式和历史条件的束缚，不断获得解放，最终促使现代性资本关系的生成。作为一个有机体，资本向“总体”的发展过程就表现为：“使社会的一切要素从属于自己，或者把自己还缺乏的器官从社会中创造出来。”①

① 《马克思恩格斯全集》第46卷（上），人民出版社1979年版，第235～236页。

马克思在《资本论》中曾一针见血地阐明，资本是能够带来剩余价值的价值，其本性就是追逐最大限度的利润，“资本害怕没有利润或利润太少，就像自然界害怕真空一样”。[①] 由于增殖的来源是以新的商品为载体的劳动者的劳动，资本主义从它诞生的那天开始就充满着掠夺性和膨胀性，通过雇佣、奴役劳动力，资本无限制地扩大生产规模，源源不断地向大自然低成本无节制地攫取物质载体，形成了资本主义生产方式的前史。在资本本位的价值逻辑下，人类生产性的活动在带来大量物质财富的同时，也导致了资本社会的“消极的片面性”，社会一切生产环节都要为资本增殖服务。为了资本的利益逻辑，市场经济正在发明一个只能借由改变世界来改变自己的辩证关系，所有的国民经济计划，包括生态环境保护，都取决于或者伪装于经济的目的。如环保人士在尝试应对全球气候变暖时，其实是在创造一个碳排放交易市场，结果给对冲基金带来大量的投机获利，而这些计划却并未对减少全球碳排放做出贡献。

马克思从社会关系和历史的阶段去研究抽象的“经济”，研究资本主义经济及其固有的社会关系。马克思认为，资本是一种生产关系，资本是能够带来剩余价值的价值，在资本主义社会体现着资本家对工人的剥削关系；资本是一种权力，是资产阶级社会的支配一切的经济权力，是对剩余劳动的占有权与支配权，体现的是资本主义社会特有的积累起来的劳动（物化劳动）对活劳动的支配关系；资本创造了一个普遍物化的世界，并导致人的异化。马克思资本理论的时代价值在于资本研究和资本批判的核心是透视资本的逻辑本性，在理论逻辑上指明资本发展的逻辑趋势，进而确立社会主义市场经济下对资本应有的观念与态度。在社会主义市场经济下，在进行资本发展的路径和策略选择时，既要为经济的发展提供有利的环境，又要坚持对资本的理论批判和实践批判。

在我国社会主义市场经济中，资本这个范畴应用也比较普遍。资本的表现形态可以分为物质资本、虚拟资本、人力资本和社会资本等。追求资本的高效运营，是社会主义市场经济发展的重要手段。资本具有历史的特殊性质和复杂特征。劳动力商品化是资本存在与发展的条件，是我们正确认识资本属性的根本出发点。我国社会主义市场经济发展的现实基

---

① 马克思：《资本论》（第1卷），人民出版社1975年版，第829页。

础需要借助于资本来推动经济社会的发展。资本成了社会主义市场经济运行的工具。在社会主义市场经济运行中，资本要素有利于生产要素的优化配置，有利于解放和发展生产力，促进社会财富的不断增加。

随着市场经济的发展，资本形态由传统单一性向现代多样性转变，资本形态与不同发展水平的社会生产力相适应，反映了资本人格化的不同要求。资本具有自然属性和社会属性，就自然属性而言，资本是商品生产的产物，是人类劳动的积累；资本是特殊形式的商品，是生产要素；资本是自行增殖的价值，这是资本最一般形式的规定；资本具有运动性，只有在运动中才能发挥作用并体现出资本的特征；资本具有竞争性，竞争对于资本的存在和运动是一种外在的强制力。就社会属性而言，资本作为一种特殊的存在，是与社会制度相联系的根本属性。

在生产、流通、分配和消费过程中，资本都起着非常重要的作用，是整个市场经济中的核心因素。但随着社会主义市场经济的发展，资本在现代经济社会活动中表现得无处不在、无所不能。资本所具有的纷繁的存在形式往往掩盖了其真正内涵。资本在经济活动中的作用越强大，所引起的问题就越多越尖锐，并由此产生出无穷的经济问题、社会问题和生态问题。

3.2　资本增殖与生产过剩

3.2.1　资本增殖的逻辑

在现代社会里，资本被称作主导社会的“血液”，资本增殖成为社会各领域各部门得以存在的最高理由，其他社会生产要素均被要求按照资本运作的需要重新地加以整合与定位。当代世界经济发展过程表明，社会已被资本化，社会经济生活围绕着实现资本而展开，形成资本支配型社会。

资本的增殖功能是生产领域资本化经营的直接原因，从产业资本生产过程 W…P…W 可以知晓，资本的运作模式是通过购买生产资料与劳动力把物质的力量、劳动者的知识才能有机结合在一起，创造出巨大的社会财富，实现资本价值增殖。在资本主义社会，资本家占有资本，是因为资本能带来的剩余价值，使资本家发财致富。在我国社会主义市场经济建设中，通过资本运作与资本化经营能够有效地提高企业经济效益。

资本以雇佣劳动为基础，使人摆脱了地域的、宗教的、政治的人身束缚，激发起人的积极性；通过交换而不是强制的方式，使一切人力、物力和财力组合起来进行社会化大生产；通过发展科学技术和组织社会生产力的方式累积剩余价值；通过发展信贷、通信、交通、网络、传媒的方式加速剩余价值的实现。通过激励教育和科学的发展，使其直接地为生产过程服务；通过竞争进而瓦解一切传统的生产方式与生活方式，激发起人的致富欲望，并把市场交换推向全世界。当代西方国家生产力的高度发展，不仅是由于科学技术的发展等因素缓解了资本主义基本矛盾、劳资关系，更是资本的发展为生产力发展提供了新的社会经济条件。我国社会主义市场经济的实践表明，改革开放以来，在市场经济体制下，我国人均 GDP 从 1978 年的 156 元增长到 2019 年的超过 1 万美元，人们的物质生活水平得到了极大的提高。

在资本的世界里，大自然就是其“徜徉”的大型仓库，自然界的使用价值充分地体现在商品价值的生产和实现上，被彻底地货币化和商业化了，所有自然资源逐一被分割为被国家私人财产法律制度保障的个人财产，虽然诸如海洋、土地、空气、环境等无法被圈占，但是资源的产权却可以拿来买卖和流动。当所有的自然资源和事物都被标上一个价格或者价值的时候，资本逻辑下的独特交易系统就被创造出来了，资本就可以源源不断地从商品化的交易中自由地榨取社会财富。资本本性的逻辑下，生产活动在带来积极的、文明的一面的同时，更多的是造成了资本主义的“消极的片面性”，社会一切生产环节都要为资本增殖服务。资本无止境的增殖本性使得资本不可能停滞在一时一地，而是不断地扩张渗透，表现出日趋强烈的生产总体化扩大趋势和消费膨胀态势。为了获得更多的利润，资本生产规模总是不断扩大，社会消费品快速增长，生产、流通、消费、分配等各种经济活动都被资本所绑架，全方位地为资本服务。资本生产向整个生产系统蔓延渗透，形成现代社会的泛经济化、泛市场化与泛资本化结构，将整个生态系统和自然置于资本扩张的链条中。

资本是市场经济扩张最具魔力的载体，促进了社会财富的涌流。在市场经济体制中，资本被赋予了人格意志，不断追求利益的欲望使之成为人类进行价值增殖的载体和手段。在没有资本化之前这种欲望只是一种纯粹的心理力量，人类的每一次消耗都是为了单纯地消费，是直线式的非循环过程，对于土地人们只是一次次地使用它生产粮食来满足自身生存需要。一旦土地实现资本化之后，便发生了革命性骤变，人们不再是为了消费，而是为了价值增殖来购买土地等各种资源，新增殖的价值不再是尽可能地消费，而是投入资本的循环过程中，以实现再次增殖。"为了买而卖的过程的重复或更新，与这一过程本身一样，以达到这一过程以外的最终目的，即消费或满足一定的需要为限。相反，在为卖而买的过程中，开端和终端是一样的，都是货币，都是交换价值，单是由于这一点，这种运动就已经是没有止境的了。"①

资本具有扩张本能。不断增长的资本必须走上经济扩张之路，不断开辟新的市场。资本扩张，一是通过量上的扩张，不断地把尚未资本化的资源吸入资本范畴；二是通过质上的扩张，不断地把已资本化的但被闲置的资源进行优化整合，将其吸收到资本的流通体系中。资源资本化后便获得了社会性，资源的使用权与所有权进入市场流通，进入全社会甚至全球的资源配置的网络中，在社会流通中获得优化配置，扩大价值增殖。市场经济体制的建立形成了各种社会性的资源间相互联系与相互依赖，资源一旦资本化之后，就会内在地驱使社会经济体系不断流动，促进整个国民经济的发展。如果社会经济体系不能扩张，新增的资本便找不到新的市场作为流通渠道，就会在社会经济循环中形成资本淤积，流通阻滞，导致经济社会危机。

3.2.2　市场经济下的生产过剩危机

生产过剩的经济危机是资本主义基本矛盾的必然产物。在第二次世界大战以前的资本主义经济危机，主要表现为大量"剩余"商品因找不到销路而堆积仓库，企业生产迅速下降，成千上万的企业因无法实现再生产过程而倒闭，失业人数激增，信用关系破坏，股票、债券和其他

① 马克思：《资本论》（第 1 卷），人民出版社 2004 年版，第 177 页。

有价证券的行情暴跌，劳动群众生活水平大幅下降。在经济全球化、信息化和金融资本高度发展的当代，这种危机突出表现在虚拟经济远远脱离实体经济，大量“剩余”资本因无法进入现实再生产过程而滞留在金融部门，银行坏账猛增，大金融机构、大企业甚至一些国家都出现债务危机，导致区域经济乃至全球性的经济衰退。资本主义经济危机所表现出的生产“过剩”，并不是所生产的生活资料超过了人们的物质需要、所生产的生产资料超过了有劳动能力的人口充分就业的需要、所积累的资本超过了现实中再生产过程的需要，而是一种相对过剩，是资本主义所特有的商品供给超过社会有支付能力需求的现象。

不仅发达国家，发展中国家及新兴国家经济增长乏力，也已成为全球经济的常态，过剩在长期经济发展中已成为现实。计划经济的模式是取消竞争、指定生产，从而杜绝生产过剩经济危机，而发达市场经济的特征是市场竞争为主，宏观调控为辅，激烈的市场竞争必然导致一定程度的生产产能过剩甚至经济危机。近几年，我国在生产资料领域，在钢铁、水泥、平板玻璃、电解铝、煤化工等传统行业，甚至太阳能多晶硅和风电设备等新兴行业都出现了产能过剩。在生活资料领域，也普遍存在过剩问题。例如，住宅商品化改革之后一度出现“鬼城”现象。住宅是昂贵又耐用的生活资料，但住宅过剩也是众人皆知的事实，银行对购买者发放贷款来支持其买房，使购买者预支今后二三十年的收入，购买者购买了第一套还继续为了投资购买第二套，这是生活资料过剩的典型表现。受国际金融危机及国家 4 万亿元投资硬着陆的影响，2008 年以来，中央和地方虽已出台一系列政策来化解过剩产能，但收效甚微，甚至有愈演愈烈之势。

从经济学理论分析的角度，“生产过剩”这种状态并不稳定，追逐利润最大化的企业会在陷入亏损时理智地退出市场，经过市场动态调节，市场供求关系最终会达到新的平衡。发达市场经济国家的实践也证实了这一观点，因为市场竞争机制能够有效淘汰缺乏竞争力的产能，而“过度进入”“过度竞争”等过剩状态并不会持续很久；某种程度上，“过剩”还能促进市场有效竞争、加速“优胜劣汰”进程，从而提高资源配置效率、实现产业结构调整和升级。由此，一些国内学者认为重复建设和生产过剩并不需要政府特别的行政干预，只要减少政府对微观经济的直接干预即可。然而，这也仅仅是理想中经济学理论分析的结果，现实经济体中，每一次经济危机都伴随着生产力的重大破坏，每一次经济调整都意味着财富的再分配，市场竞争机制所自发达成的结果不是新的经济均衡，而是社会财富的巨大浪费。经济危机就像是市场经济的一面镜子，它反映了市场经济的不完善，经济危机通过这种极端的方式告诉我们市场经济是存在很多缺陷和问题的，必须加以完善和改革。

生产过剩会导致大量的库存，大量的库存会使得资本投资积压，大量库存积压会使得企业大量流动资金被占用，成本增加，长此以往，企业和店面必然亏损甚至倒闭。由于经济增长方式不合理，地方间恶性投资竞争，加上许多企业的技术水平低、企业自主创新能力弱等原因，我国在钢铁，煤炭，水泥、电解铝等行业也存在着严重的产能过剩。如果产能过剩的情况延续下去，就会影响资本市场，并对股市造成严重冲击，同时，银行贷款给这些企业，也将受到拖累，所以需尽快采取行动缓解产能过剩。

3.3 资本价值实现与消费过度

3.3.1 资本价值实现过程带来的问题

资本产品的消费超过了人们的生活本能，并通过消费主义价值形态使人越来越被动地依附于消费行为，消费者的行为被商家追逐利润的营销活动所劫持，人们的消费观念被严重误导。关于这一点，马克思曾留下一段经典的论述："每个人都指望使别人产生某种新的需要，以便迫使他作出新的牺牲，以便使他处于一种新的依赖地位并且诱使他追求一种新的享受，从而陷入一种新的经济破产。每个人都力图创造出一种支配他人的、异己的本质力量，以便从这里面找到他自己的利己需要的满足。因此，随着对象的数量的增长，奴役人的异己存在物王国也在扩展，而每一种新产品都是产生相互欺骗和相互掠夺的新的潜在力量。"①这一段论断深刻地说明，在市场经济体制下，人的购买行为已经脱离了

① 马克思：《1844年经济学哲学手稿》，刘丕坤译，人民出版社1979年版，第85页。

人的自然的需要，人的消费行为也不再源自人本身，而是依附于他人的资本力量的“指望”，随着商品数量的增长和质量的增长，人被资本逻辑征服的范围和程度也就不断扩大，表面看来，消费者依然有是否消费和消费什么的选择权利，实质上人的需要已经不是人的本质的自然体现，而是被人为制造出来的，并进一步异化为资本控制人的工具。资本在价值实现上的无限努力使得创造需要比满足人的需要更为重要，在消费阶层化的趋势下，领导和控制消费行为的是凡伯伦（2007）在《有闲阶级论》中所说的富裕的、有闲阶级的消费主义。所以，马克思说：“资本来到世间，从头到脚，每个毛孔都滴着血和肮脏的东西。”① 在经济全球化发展中，为了攫取更多的利润，资本可以不惜一切代价，造成环境破坏、资源浪费，人与自然之间的生态循环失调，全球贫富差距的扩大等问题。随着资本向全球扩张，发达国家必然会把自己的富裕和发达建立在发展中国家的贫困和落后之上，不断制造着危机、冲突和灾难。发达国家实行“生态殖民”策略，不仅在应对气候变化、环境恶化、能源资源安全、严重传染性疾病、重大自然灾害等全球性问题上，不愿意承担应负的责任，而且借全球化进程中产业结构调整和升级之机，将污染严重的产业、设备、有害的废弃物转移到发展中国家和落后地区，通过大量进口别国资源造成别国生态资源的破坏，通过设立跨国公司占有他国资源并将废弃物排泄在他国，以转嫁生态责任，而发展中国家和落后地区为了生存不得不以破坏生态环境的方式廉价出口原材料，并忍受发达国家转嫁的生态伤害。

资本本性的逻辑展开是资本主义社会各种危机和灾难背后的动力系统。法国学者米歇尔·博德（Michel Beaud，1986）曾经深刻地剖析道：“资本主义是一种通过生产方式在起作用的逻辑，一种盲目发展而又顽强积累的逻辑。”② 正是在这一逻辑的支配下，市场就像“永动机”一样对无限追逐利润，在全球范围内疯狂扩张。福斯特（Foster，2006）从生态环境保护的立场揭露了这一问题，他指出，在以资本逻辑为运行机制的社会中，“要想遏制世界环境危机日益恶化的趋势，在全球范围内仅仅解决生产、销售、技术和增长等基本问题是无法实现的。这类问

① 马克思：《资本论》（第1卷）（下），人民出版社1975年版，第829页。

② 米歇尔·博德：《资本主义史：1500～1980》，吴艾美等译，东方出版社1986年版，第145页。

题提出的愈多，就愈加明确地说明资本主义在生态、经济、政治和道德方面是不可持续的，因而必须取而代之”①。马克思资本理论的时代价值在于通过透视资本的逻辑本性批判了资本主义社会运行体制，在逻辑起点和理论指归上揭示了资本发展的必然趋势，进而确立了社会主义市场经济体制运行下对资本应有的观念和态度。在社会主义市场经济体制下，既要利用资本发展的路径和策略选择为经济发展服务，又要坚持对资本的理论批判和清醒认识。

马克思和恩格斯在他们的著作中大量描述了产业革命后英国、法国、德国的大工业城市生态恶化的问题。例如，排泄生产产生的废弃物导致的河流污染、江河淤浅；大农业生产和矿山的大量开采导致的森林锐减、气候变坏；资本主义发展和城市化进程中空气受到严重污染；资本家为了利益最大化而压榨工人造成的工人工作和居住环境恶化等。马克思和恩格斯都对这种生态自然环境恶化的情况极为痛心，进而谴责了资本主义的生产并彰显了其掠夺本质。

资本的无度运行不仅表现为对劳动力的极度压榨，同时也表现在对自然界的贪婪宰制，进而使当代社会生态环境不断恶化。作为人类生存和发展基础的生态环境、资源被经济利益、资本增殖所遮蔽或替代。资源沦为资本扩张的物质载体，资本推动经济跨越式发展是以大肆牺牲资源和极度的污染环境为条件的。不幸的是，我们对此问题缘由存在误判，不断重蹈本来在某种程度上可以避免的“边污染边治理”或“先污染后治理”的覆辙，以至于导致现今在资源环境问题上欠账太多。作为经济上“后发展”的国家，中国面临着发展经济和保护环境的双重压力。从国人生存的自然环境来看，资本通过种种方式与手段贪婪地从资源环境中攫取利润，大量的工业废弃物被排放到空中、水中造成了大气污染、水污染，对资源无限制地开采，导致资源耗竭，对森林、植被的破坏导致土地沙化、水土流失严重等问题，造成了生态失衡。生态环境恶化的问题已经成为制约我国经济社会的发展的重要因素。

资本的扩张和社会再生产需要大量的自然资源。资本扩张必须以资源和自然环境为依托，资源和环境是资本扩张的要件。资本扩张过程就是把资本生产体系之外的自然资源吸收到资本扩张的体系中来。自然资

① 约翰·贝拉米·福斯特：《生态危机与资本主义》，耿建新、宋兴无译，上海译文出版社2006年版，第61页。

源进入社会生产系统后，通过劳动者的活劳动激活，而变为剩余价值增殖的载体，形成产品并源源不断地推向市场，以此实现剩余价值的生产和资本扩张。为了获得更多的剩余价值，资本肆意地践踏自然，将自然置于死地，留给了人类一个个“寂静的春天”和没有生息的“自然之死”。其根源在于资本的生产过程是劳动过程与价值增殖过程的统一，就劳动过程而言，劳动是劳动者以观念为指导，有意识地借助于自身的自然力作用于外部自然并改变外在自然物以满足自己需求的活动，是人以自身的活动来引起、调整和控制人与自然之间的物质变换过程。所以马克思指出，劳动过程“是制造使用价值的有目的的活动，是为了人类的需要而对自然物的占有，是人和自然之间的物质变换的一般条件，是人类生活的永恒的自然条件，因此，它不以人类生活的任何形式为转移”①。因而，劳动首先是人和自然之间的过程，自然界是人类赖以生存的基础，自然物是人类劳动得以实现的重要前提。没有了外部的自然界，人类的生存与社会的发展就没有可能。但是，资本生产本质上是剩余价值的增殖过程，其目的不是获得商品的使用价值，而是为了获得商品的价值，是一种在生产主义指导下的无度的抽象生产过程，不断把本来外在于资本体系的自然资源，吸收到资本体系内部，使之成为工人通过劳动生产的剩余价值的载体，形成劳动产品从而推向市场完成资本扩张的目的。资本生产方式“破坏着人和土地之间的物质变换，也就是使人以衣食形式消费掉的土地的组成部分不能回归土地，从而破坏土地持久肥力的永恒的自然条件”②，“资本主义农业的任何进步，都不仅是掠夺劳动者的技巧的进步，而且是掠夺土地的技巧的进步，在一定时期内提高土地肥力的任何进步，同时也是破坏土地肥力持久源泉的进步”③。资本生产方式使得人类赖以生存的自然资源和环境遭到破坏，被严重污染的自然成为当今人类遭受贫困和疾病折磨重要因素。“发展了社会生产过程的技术，但它同时破坏了作为一切财富的源泉的‘土地’和自然条件，这样，它同时就破坏城市工人的身体健康和农村工人的精神生活”④。资本导致人类的生命源泉近乎枯竭，使人难以生存下去，成为

① 马克思：《资本论》（第1卷），人民出版社1972年版，第208～209页。

② 马克思：《资本论》（第3卷），人民出版社1972年版，第102页。

③ 《马克思恩格斯全集》（第23卷），人民出版社1972年版，第552页。

④ 马克思：《资本论》（第1卷），人民出版社1972年版，第553页。

否定人、反对人和敌视人的异物。此外，依照马克思的分析，资本为了克服其内在的矛盾，必须不断地进行资本积累和扩大再生产，以便创造出内部市场，为此就需要不断地再生产出新的使用价值，培育新的需要和欲望，资本积累和资本主义再生产必然在资本主义生产方式内带来消费方式的革命，在这一消费革命中，用吉登斯（Giddens，2000）的话来说，会形成各种与众不同的消费阶级，其生活方式和消费习惯有着很大的区别，大卫·哈维（Harvey，1973）认为这些"与众不同的消费阶级"是内生于资本主义生产方式和资本主义城市化的发展过程中的。

资本逻辑会侵蚀人性。资本扩张使人的发展变得片面化。资本是造成现代人异化的根源，使人成为一种失去生存意义的工具性存在。资本逻辑将经济发展与社会体系建构为服从资本增殖意志的机器，而人陷入其中，成为失去自身价值而服从资本意志的工具。资本把人塑造为"单向度的人"，使人成为表现为资本力量的机器的附属物，服从并服务于资本的安排。于是"总体工人从而资本在社会生产力上的富有，是以工人在个人生产力上的贫乏为条件的"①，随着生产力的发展与技术条件的变化，资本的扩张对工人的发展造成了束缚。随着专业化和全球化的发展，资本的发展要求工人越来越专业化，工人被限制在狭小的发展空间，工人的全面发展会因资本扩张而受到阻碍。对资本所有者而言，当资本的逻辑成为资本所有者的唯一逻辑，资本所有者为了实现更高更多的利润，生产质量低劣的产品，就会对消费者构成侵害，对社会产生负效益。

3.3.2 资本逻辑造成过度消费主义和享乐主义的盛行

首先，资本逻辑滋生过度消费心态。资本与市场经济不仅给我国带来了全新的市场经济体制，带来了比计划经济更为灵活的资源配置方式，还重塑着老百姓的生活与生存模式。资本生产方式给经济体制创造了巨大的物质财富的同时，在丰裕的物质社会面前，也使得人类更容易被金钱所驱使，自由容易受缚于资本的逻辑，欲望满足容易取代价值意义的追求。资本拥有者为了实现利润的最大化，极力鼓吹消费主义至

① 马克思：《资本论》（第1卷），人民出版社1975年版，第400页。

上，“寻求一切办法刺激工人的消费，使自己的商品具有新的诱惑力，强使工人有新的需求等等”[①]。“同时就破坏城市工人的身体健康和农村工人的精神生活”[②]。资本力量驱使人无限地追逐物质财富，在对物质财富贪婪追求中，人变得越来越感官化、原子化、即时化，满眼是感官享受，物欲横流，人异化为自己所创造的物质的附属品。这就势必导致过度消费主义和享乐主义的盛行。人类过度消费的后果是把人类的欲望停留在追求感官的过度的享受，沦为物质欲望的奴隶，从而陷入一种十分荒诞的心理变态之中。正如有学者指出的：“只有把握资本逻辑，才能理解当代形而上学的辉煌，找到摆脱人类生存和思想困境的出路。”[③]

其次，资本逻辑引发消费至上的享乐主义。消费主义中的消费涉及对快乐体验和享乐价值的追求，这种快乐具有短暂性和易变性，并因此表现为人们对新奇产品和时尚体验的无尽追求。第一，享乐主义者把追求个人快乐看成人生的第一需要，将物质享受作为人生的目的和意义，否认个人对社会的责任和价值实现。第二，消费成为人生的目的。弗洛姆认为消费主义将人变成消费的机器，变成彻底的消费者，消费者的唯一目的就是拥有更多的东西。消费具有符号象征性，从消费中人们找到自己的位置，消费不再是简单地占有和获取物品，消费本身成了目的。第三，消费主义的实质是高消费，并且表现为大众全体的高消费，这是一种由大众传媒推动和扩散的、把越来越多人划入其中的消费价值观念和生活方式。第四，消费背离实际需要。消费主义往往是在基本需求得到满足后表现出的贪欲，是物欲的多多益善，也是对权欲的唯我独尊。消费在商品生产中背离了需要，突破了需要的有限性，获得了无限扩张的性质。第五，消费的肤浅与去中心化。消费主义中的消费弥漫着浓厚的商业气息，娱乐性极强，却忽视和消解了人的真正尊严、价值、自由和崇高等。消费完全体现不出真正的文化内涵和核心价值取向，消费者只是追赶一个又一个新鲜的潮流。

享乐主义者是资本逻辑悖论的后果。在享乐主义世界观的社会环境下，一个人越会浪费，越讲排场，越显“慷慨大方”，就会获得越多的吹捧和尊敬。节俭和珍惜资源反而被人视为“小气”和“吝啬”，受人

① 《马克思恩格斯全集》（第 30 卷），人民出版社 1995 年版，第 247 页。
② 《马克思恩格斯全集》（第 23 卷），人民出版社 1972 年版，第 552 页。
③ 王善平：《现代性：资本与理性形而上学的联姻》，载于《哲学研究》2006 年第 1 期。

鄙视。这种不良社会风气是享乐主义病态心理的外在表现，今天竟被许多人视为正常的现象。在对物质感官享受的追求中，人们失去其精神的全面性和丰富性，感到精神空虚、焦虑、困惑、烦躁、孤独、厌倦和痛苦，充满无意义感，人失去了精神家园，沦落为无“心”、无“魂”的幽灵。片面的资本生产方式还会造成了严重的恶性竞争、两极分化和经济危机，从而由促进生产力发展转变为阻碍生产力发展。马克思对资本扩张本性进行了淋漓尽致的理论说明——剩余价值一旦转化为资本，投入到社会经济系统内部就会使其自身得到增殖，从而实现整个社会经济系统不断扩张。恶性竞争源于对利润的追逐，为此资本之间相互倾轧，不惜采取一切手段。资本所有者对贫者、弱者为富不仁，恃强凌弱，特别在资本原始积累阶段此现象尤甚。竞争会造成垄断和两极分化，贫者愈贫，富者愈富，为社会埋下不安定因素。“生产剩余价值和赚钱，是这个生产方式的绝对规律。”①

3.3.3　资本主义发展的不可持续

在资本生产方式下，人与自然的矛盾是资本逻辑在人与自然关系上的体现，其实质是资本中心主义——资本对自然的支配，自然被资本化。环境问题和生态危机是由于片面地追逐资本增殖的生产方式所造成的，是西方工业文明的产物，资本的本性驱使人类不断地发展科技力量等工具向自然界索取，其日益巨大的生产能力使人类生存环境陷入生态危机，理性的经济行为沦为非理性，为了获取资本的增殖，资本主义生产方式无视人类的生存和发展，进而导致了自然的改变与恶化。

资源与环境是资本扩张的前提，资本扩张过程必然将越来越多的自然资源吸收到其母体中进行消耗，并不断地变成废物排出母体外。资本赚取利润的能力越强，能量越大便意味着对资源和环境的吸收和消耗越多，自然资源就会变得日益枯竭，生态环境就会变得日益恶化，导致资本逐利的本性所引发的自然与人的关系对立将贯穿在整个资本发展过程之中。“因此，资本主义生产发展了社会生产过程的技术的结合，只是由于它同时破坏了一切财富的源泉——土地和工人。”② 资本视自身为

① 《马克思恩格斯全集》(第44卷)，人民出版社2001年版，第714页。

② 《马克思恩格斯全集》(第23卷)，人民出版社1972年版，第552～553页。

主体而将自然视为仆人，将自然界的“自在状态”改变成“为我状态”，自然资源不是无限的，大量的资源在资本无限扩张的过程中因消耗和浪费而变得枯竭。然而，在实际社会生产过程中，自然资源的有限性使得资本的资本扩张变得不可持续，这意味着资本的生产方式不是人类的最后、最好的发展方式。以逐利为特性，以消费主义为主导的生活方式导致了越来越多的自然资源被吸收到社会生产体系中消耗掉，造成了极其严重的环境污染。为了保护环境，节约资源，就必然要提高自然资源的成本价格以及增加治理环境污染的成本，前期的破坏行为要求我国每年花费2000多亿元来治理环境污染和保护生态环境，即便如此，资源枯竭和环境污染严重也使资本扩张无法继续，社会经济发展变得不可持续。

资本本性的逻辑展开是资本主义各种“灾难”背后的动力系统。法国学者米歇尔·博德对此做过非常深刻的阐述，他指出：“资本主义是一种通过生产方式在起作用的逻辑的逻辑，一种盲目发展而又顽强积累的逻辑。”[①] 正是对无限大利润的追逐和向全球范围的扩张，使得资本主义生产就像“永动机”一样无法停止下来。福斯特从生态角度阐述了这一问题，他认为，在以资本逻辑为生存和发展机制的社会中，“要想遏制世界环境危机日益恶化的趋势，在全球范围内仅仅解决生产、销售、技术和增长等基本问题是无法实现的。这类问题提出的愈多，就愈加明确地说明资本主义在生态、经济、政治和道德方面是不可持续的，因而必须取而代之。”[②]

3.4 消费膨胀与黑色消费文明

3.4.1 消费膨胀

社会生产的目的是刺激消费，带动经济增长。资本逻辑下的消费者

① 米歇尔·博德：《资本主义史：1500～1980》，吴艾美等译，东方出版社1986年版，第145页。

② 约翰·贝拉米·福斯特：《生态危机与资本主义》，耿建新、宋兴无译，上海译文出版社2006年版，第61页。

思维使社会产生消费膨胀，使消费与其本质分离，甚至是背道而驰。当消费与其本质分离，人们便开始对消费产生需求之外的依赖，通过消费行为来感受自己的存在。马克思对于消费异化的批判体现在其《资本论》中对拜物教的批判中，商品的拜物教主要具有两大特征：第一，人与人之间的关系被物与物之间的关系所取代，物与物之间的关系就是人与人之间的关系。商品是人类社会发展的产物，是人类劳动的凝结。在封建社会，人与人之间的关系主要是宗法制下的血缘关系，而在现代社会，人与人之间通过商品发生联系，表现为一种商品关系，拜物教将人也商品化，隔断人与人之间的关系，使之成为像原子一样的独立个体。商品货币关系掩盖了人们之间的分工合作关系，资本凭借人们对金钱的崇拜和对商品消费的渴望，将人自动地引入分工体系中，维持整个社会的运转。第二，人与人之间的关系产生异化。人同自己的劳动产品，自己的生命活动，同自己的类本质相异化这一事实造成的直接后果就是人同人相异化，当人同自身相异化，当人同自身相对立的时候，他也同他人相对立。“拜物”为何会发生在人的身上？因为商品有一种超自然，能够控制人们行为的神秘力量，这种力量是人赋予的。人们通过自己的劳动生产的商品控制自己的行为，而其背后人与人之间的关系被忽略，从而使人与人的关系发生异化。

在消费社会，需要被人们承认并且尊重往往通过消费表现出来，消费成为个体自尊的“证明”，也成为被社会承认和接受的一种方式，资本主义下的消费被赋予更多的超越其本身价值的意义。由资本推动形成的消费社会的生活方式随全球化进程的在世界范围内拓展开来，成为各国尤其是发展中国家争相模仿的对象。在目前，在中国飞速发展的今天，一部分人也越来越羡慕和向往西方人的生活方式，渴望达到同西方一样的消费水平，得到世界各国的承认与尊重。因此，尽管我国国民并不富裕，但是消费场所和消费场景却不断被营造出来，奢侈和浪费消费并行，即使透支或者债台高筑也不在乎，消费膨胀的现象愈发严重。消费膨胀是指消费需求严重地超过了消费品供给的现象。消费膨胀，一方面表现为存量膨胀，即已形成的消费需求大于已供给的消费资料；另一方面表现为增量膨胀，即消费需求的增长速度大于消费资料供给的增长速度。目前在资本逻辑下我国消费膨胀现象越来越明显。

3.4.2 消费膨胀的特点

第一，高积累与超前消费并存。《中国统计摘要2013》的数据资料表明，1978～2012年，我国社会消费品零售总额由1558亿元增至210307亿元，年均递增15.4%，大大超过国民经济的发展速度。从居民消费情况看，人们吃的和用的都普遍向最高级看齐，高级耐用品供不应求。1986年，我国的人均国民生产总值仅为887美元，而城市居民的“新四件”消费水平已经分别达到日本、韩国、苏联人均国民生产总值1000美元时的水平，消费水平明显高于周边较发达的国家。除此之外，我国居民的居住面积和居住标准也越来越高，房价飞涨，供不应求，结婚买房已成为约定俗成的规矩，即使房价超出了许多家庭的承受能力，父母也会倾其毕生财产为子女凑齐房子的首付，支持子女贷款买房。

第二，积累与超前消费虚高。经济新常态下，我国经济处于增长速度换挡期、结构调整阵痛期和刺激政策消化期的“三期叠加”阶段。国际金融危机时期实施一揽子经济刺激计划，居民积累率过高，投资率大幅上升，导致资产价格虚高。另外，伴随着互联网的飞速发展与支付方式的革新，种种消费金融产品令人目不暇接，部分年轻消费群体也由传统的“量入为出”向着“透支消费”悄然转变。《2017年轻人消费趋势数据报告》显示，月收入在4000元以上的年轻人办理信用卡的比率超过76%，25%的“90后”拥有花呗。分期付款、“月光族”、网贷等现象层出不穷。

第三，投资与消费双膨胀。我们可以根据投资与消费波动将改革开放以来的发展历程划分为四个阶段：第一阶段为1978～1981年。在这一阶段，消费需求有所上升，而投资需求却变化不大。第二阶段为1982～1983年。这两年经过调整，消费需求和投资需求均有所下降。第三阶段为1984～1988年。这一阶段消费需求和投资需求明显上升。第四阶段为1988年至今。在这一阶段，消费需求和投资需求都在上升，投资和消费都在GDP总量的提升方面发挥出越来越重要的作用，随着资本市场的发展与完善，投资需要明显增长，并出现膨胀的现象。

3.4.3　黑色消费

如果说市场经济是消费异化的外在动因，那么资本逻辑则是消费异化的内在动因，是这种不断追求资本价值增殖的思路使我国的消费一步步走向异化，正是在市场经济和资本逻辑的共同推动下，我国的消费文明逐渐黑色化，同时产生黑色文明中的黑色消费。黑色消费具有无节制生产、大量消费和大量浪费的特征。我们从消费与生产、需求以及资本逻辑的方面进行阐述。

1. 消费与生产

黑色消费文明的典型特征就是无止境生产和大量消费。从商品的整个生产加工过程来看，生产与消费密不可分，消费是生产的实现方式，也是再生产的源泉，同时，二者都受资本逻辑的影响。资本的逻辑作为一种深层次的目标逻辑驱使着生产和消费在不同历史阶段的地位转换。从历史角度分析，技术不发达生产力水平落后下的生产不足是制约资本实现价值增殖的主要障碍，因此，在那个时代，社会呈现出“生产带动消费”的发展方式，马克思也提道：“无论我们把生产和消费看作一个主体的活动或者许多个人的活动，它们总是表现为一个过程的两个要素，在这个过程中，生产是实际的起点，因而也是起支配作用的要素。”① 可见在19世纪中期，马克思将生产看成整个过程的起点和决定性因素，认为生产决定消费。生产创造出消费的物质，没有生产也就没有可供人类消费的物质，因此，生产逻辑是马克思批判资本主义的基本逻辑。但是，随着社会的发展，人们发现消费并不是一直处于被决定的地位。随着生产力水平的提高，物质产品极大丰富，资本家发现消费不足才是制约本时期资本价值增殖的关键环节，在利益的驱动下，整个社会朝着“消费带动生产”的方向发展，消费在社会和谐健康发展中发挥着越来越重要的作用。在消费起主导作用的生产过程中，生产什么样的产品、生产多少都要由消费来决定。根据马克思消费影响生产的理论，第一，只有消费了的产品才是真正的产品；第二，消费创造了新的需

① 《马克思恩格斯选集》（第2卷），人民出版社1995年版，第12页。

要，创造出生产的内在动机，消费是生产的前提。根据前面对资本逻辑的分析，资本家为了使资本不断实现增殖就会无止境地进行生产，从而也就会有扩大的消费，因为大量的商品只有通过消费才能实现资本形式由商品到货币的转换，才能够实现价值增殖。在这种利益驱动的背景下，生产过程开始变得不单纯，在满足人们真正需要的同时，借机创造出“虚假”的需求。从大众的角度来看，他们的消费需求都是从生产商中得来的。企业经营者通过网络、电视等媒体社交手段以及娱乐节目、电视剧电影等广告植入的形式无形中将产品渗透入消费者的头脑中，诱惑消费者快速、大量地购买商品，此时，消费者则变成了一个消费的“机器”，这个机器不断运转实现资本的快速增殖，增加资本周转速度。资本家就是在这种模式的循环下不断获取利润，这样不良的循环模式充分体现了黑色消费文明消费与生产关系中的无止境生产、大量消费的特征。

2. 消费与需要

在消费与需要满足上来看，黑色消费的特点是大量消费和大量浪费。消费主义的盛行使我国崇尚节俭的优良传统变得不合时宜，浪费消费、过度消费和奢侈消费等消费方式占据社会的主流，人们逐渐由“重生存”的生产方式向“重占有”转变，消费是当前社会最简单也最明显的占有方式，对稀缺资源占有也是黑色消费文明下的一种扭曲的心理诉求。尽管生产力水平提高，人类进入“物质极大丰富的世界”，但这种物质丰富并不是马克思提到的人类文明最高阶段时的物质极大丰富，并没有达到真正丰富的水平。在这个“物质极大丰富的社会”巨大浪费与相对稀有和贫困同时存在，既存在结构性剩余，同时也存在结构性短缺。究其原因，其实是当前社会人类的心理问题，需求和生产永远不会真正的匹配，总是存在缺口，使得稀缺变成一种比较的结果。因此，人们是通过消费行为来弥补心理的缺失，消除心理贫困和心理恐慌。通过消费行为，人们可以证实个体的存在感，减轻深陷被剥夺和害怕贫困的不安，因为人们潜意识里认为，只有物品被消费了才不会被其他人争夺，才能体现自己的价值，为此，在黑色消费文明下，人们会更加积极地占有并且浪费资源。鲍德里亚曾说：“浪费远远不是非理性的残渣。它具有积极作用，在高级社会的公用性中代替了理性的前途，甚至能作为核心功能——支出的增加，以及仪式中多余的‘白花钱’竟成了表现价值、差别和意义的地方。”① 黑色消费的行为——浪费，使人们找到生存的意义，感受到被承认感和被尊重感。可见，在黑色消费文明下，浪费有其存在的特殊意义，它是一种消费者宣扬我存在我占有的生活方式。

3. 基于资本逻辑下的消费行为

对于社会中的精神文化，不同阶层的人群所占有和享受的文化就存在差异性，同等阶层的人占有和享受文化的机会也不一定完全一致。在日常消费活动中，对于不同的物质，人们的消费水平、消费能力也是存在差距的。对于高收入人群，在物质极大丰富的表面存在着极大的浪费性，他们在经济、政治和社会上都具有很高的地位，这些人比普通人更加追求品质、享受、面子、身份和尊严，他们是走在社会上的先锋者，是时尚潮流的领军人物，他们对于自己的日常穿衣打扮方面更为注重，即便是奢侈品牌的衣服也可能只穿一两次就闲置起来了，资源浪费尤为严重。而对于社会上的大部分穷人，他们主要是普通工人、农民、服务人员等，受自身经济水平的限制只能消费物美价廉、实用耐用的中低档商品，尽量物尽其用减少浪费。然而，在市场经济和资本逻辑下，这种收入差距会越来越大，消费水平的差异会一直存在，消费的代际流动性也逐渐固化，穷人阶层想要跨越上升到富人阶层越来越难。《全球财富报告》的数据显示，截至 2019 年 6 月，世界财富主要集中在最富有的 10% 的人手中，他们坐拥财富总和的 81.7%，而 1% 最富有的人拥有 45% 的世界财富。这意味着这一群体拥有的财富两倍于世界 90% 人口（69 亿人）的财富总和。资本主义下的剥削关系显而易见，10% 的富人通过对于其雇佣人员的剥削，用尽各种心思增加劳动者的剩余劳动时间，使其雇佣人员创造更多的剩余价值，占有社会财富。对于发展中国家，他们作为原材料的提供者，包括生产资料和劳动力，却在资本主义关系中被不断地压迫和剥削，陷入被动和依赖于发达国家的境地。“在资本主义社会的生产过程中，资本越来越像一架永动机，形成一个巨大

① 鲍德里亚：《消费社会》，南京大学出版社 2001 年版，第 24 页。

的漩涡，将一切吸纳到自身中。"① 在当前社会，人们往往通过消费行为来表达自己需要得到认可和尊重，消费的符号化使之不仅是个人身份的证明和自尊的体现，更是社会认可与接受个人的一种方式。穷人阶层比富人阶层更加渴望被认可和尊重，为此，他们往往会铤而走险，提前消费或者是在自己的能力范围之内消费最大化。

在资本主义逻辑下的个人行为急剧膨胀，并且由于黑色消费文明中消费的"符号化"特征更容易使消费者演化出扭曲的消费心理，消费主义作为一种炫耀性消费行为方式来体现自己的社会地位和价值观，力图为浪费性、奢侈性、过度性、盲目性以及从众性等不良消费行为提供合理的依据，使人们相信自己的消费行为是正确的、是有意义的，并且享受在消费的快感之中，陶醉于虚假的消费世界。然而，这种背离消费本质的消费行为并不会对社会发展产生有效的促进作用，而且还会加大贫富收入差距，导致人们不平等感加强，引发社会动荡。除此之外，不良消费行为背后也面临着严重的生态危机问题。

① 余达淮：《资本与道德的吊诡：在冲突与会通的视域内》，载于《江海学刊》2013 年第 5 期。

第4章　政策反思：个体主义范式引致集体消费非理性

4.1　市场经济体制中的个体主义

西方主流经济学的理论假设前提是理性的“经济人”，“经济人”假设将人看作追求个人物质利益最大化为目的的经济计算器，而经济生活中个体理性消费的行为选择往往是建立在相对需要的感知基础上，由于相对需要是不断扩大的，因之个体的消费选择也已经不再是单纯地由个体需要的生物因素所决定，而是涉及社会、文化、经济等复杂因素。例如，个人社会地位的认同，个人身份的群体性认可等欲望形态，使得个体消费者的消费行为越来越表现为炫耀性、符号性、奢侈性、享乐型消费。这是因为在现代消费社会里，大众传媒和群体性认知将个性、时尚、品味、身份、地位、风格等符号表征附加在琳琅满目的商品上，所有这些符号表征都具有短暂性、易变性等特征，个体的消费欲望则随着这些符号的改变和诱导成为永无止境的购买行为。由于日益膨胀的个体消费行为受到个体收入水平的制约，相对应的，服务于现代消费主义的消费政策和消费制度安排随之诞生。“经济人”需求和“经济人”消费具有无穷的扩张性，其差异性、个性化的需要要求在消费的过程中特别注重身份特征和个体本位的存在模式，各个相对独立的利益主体总是以自身利益为目标，以消费符号的差异为个人自由和享受的主观感受，因而也就孕育着享乐主义、纵欲主义的可能性，因为这种个体主义的思维范式缺乏自我超越的精神，也不可能产生高尚的精神土壤和道德化的报偿观念，而这种永无止境的个人欲望的满足则只能通过主张刺激人们多赚钱、高消费的方式来获取，它在本质上是经济主义的表达。产品的使用价值早已不足以成为消费的理由，更多的是人为诱导和推销的结果，消费的目的也主要是一种人为激发的幻想欲望的满足，与具体的实在的人的生存发展及生理需求相离异。随着欲望的膨胀，摆在消费者面前的现实问题是消费能力和收入状况的预算约束，为了突破收入流的限制，消费社会的消费制度安排除了包括广告、传媒之外，更为个体消费行为大开方便之门，旨在鼓励消费、扩大需求的信用贷款和个人消费贷款制度日趋完善，集体的消费欲望正是受这些消费政策的诱导、刺激和调动而形成的。

4.1.1 西方主流经济学理性的“经济人”假设

斯密提出“经济人”的假设，主张充分发挥市场的作用。斯密认为，在自由放任的情况下，每个人都以实现自己最大的效用为目的，将自己的资本用于个人认为最有利的途径，在“看不见的手”的作用之下，整个社会就能实现最好的社会效益。这种西方主流经济下的个体主义作为一种重要的价值理念得到西方经济学家的广泛认可和重视，在资本主义制度下，个体主义反映的是资本主义私有制的内在要求，个体主义观念的盛行解放了思想，推动西方文明进步，而这种“经济人”追求利益最大化的方式在调动市场经济积极性方面也确实有着重要的作用。但是对于“经济人”假设中的条件，在现实生活中是达不到的，因此，这也就说明西方经济理论在现实中可能达不到我们想要的效果。

从最初的西方古典经济学家的观点来看，他们对于“经济人”的假设认为人是完全理性的。即在外部来说，市场中的信息是全面的，所有的参与者都知道市场全部信息；从内部来说，“经济人”是精于计算的，他们可以根据市场的信息，做出最有利于自己的选择。但是我们都知道，这种完美的市场是不存在的。

后来，西蒙提出“有限理性”的概念，推翻了古典经济学理论中的假设条件。他认为消费者在决策时受到各种因素的影响和制约，无法做到知晓全部的知识信息，所有人也不可能都有能力去精准地计算出决策中的信息。实际上，“管理人”因为环境上的改变或者认知的限制，不可能每次去追求最优的选择，而是找到他认为满意的选择即可。在这种情况下，就可以看到“经济人”实际上并不能够达到每个人追求最大化效益的结果。

随着认识的发展和商品经济的推进，有些人在消费时会选择曾经做出的选择，这就是历史理性。因为商品经济的不断发展，市场的信息也越来越复杂，同时信息的不对称也导致了消费者不能掌握所有的信息，在受到各方面的影响后，消费者很可能会选择之前买过的东西，因为消费者在此之前已经了解了这个商品，在下次做选择时，会信任上一次的选择，这样消费者就不会再去了解其他信息，即使他可能有更好的选择，这些消费心理也影响着消费者做出最有利于自己的选择。

适应性理性的提出则是对“理性人”假设更深入的认识，是一种更具普遍性的假设。在制度经济学家的研究视角下，人在制度框架下的行为具有适应性的特点，在不同的环境中，人们的选择是不一样的，要不断地适应其生活。比如消费者在消费时可能会遇到各种情况，环境的改变或是别人的劝服等都有可能使得消费者改变最初的动机，这种变化也是不确定的，因此这种改变对消费者情况是否变得更好也是不能确定的。这样的不确定性也否定了经济理论中每个人能达到最大化效益的假设。

总体来说，西方经济学中的“经济人”假设作为西方经济理论的基础，对研究经济学有着重要的作用，市场经济分析也离不开建立模型和设置假设。然而，“经济人”假设条件本身在实际生活中是不存在的。我们所知道的，完全竞争市场的条件在现实中根本不可能达到，每一个个体也不可能得到完全的市场信息作为理性选择的依据，常常会因为直觉、感情、习惯等不可控因素影响，达不到个体主义的“理性”，从而做出一些与理性“经济人”不符合或者违背经济学规律的非理性经济行为。因此，在现实生活中无法实现“经济人”的假设条件，也就无法使得市场中的经济活动达到帕累托最优。

4.1.2　个体主义倾向与机会主义行为

随着社会变革发展，以及近现代以来西方文化的冲击，个体主义观念在思想文化方面的影响逐渐加深，并且渗透到人们日常生活的各个方面，语言、习俗、文化也有所体现。在经济规则上，无论是个体主义对人们追求个人价值的意义，还是说个体主义承认私有财产所带来的改变，个体主义是支持和鼓励个人通过合法和理性的途径，去追求个人物质利益。然而，在现实生活中，因为人的利己行为，一些经济活动总是建立在损害他人利益的基础之上，道德风险和逆向选择是经济学中常见的现象，因为信息不对称和机会主义行为所产生的追逐利益投机行为，使得市场不能有效地配置资源，反而会因为这些投机行为变得无序。在西方经济学的市场行为分析中，当把个人看作主体时，会以创造出最大的个体效用价值为最终的目的，但是当把很多的企业或者个人放在一起研究时，个人能达到的最高利润的点往往对整个社会来讲并不是最优化的状态，此时西方经济学之下的个体行为存在的问题逐渐暴露出来。

质量较差的旧车的车主利用二手车市场的定价机制，将自己的旧车卖出，换取了超过其商品价值的利益。而对于买到车的消费者来说，因为信息的不对称，他无法及时了解二手车市场的信息，因此会做出不利于自己的选择。这样的投机行为不仅仅影响到买者和卖者的利益，而且使整个市场充斥着质量差的旧车。因此，现实中个人主义很可能导致投机行为，复杂的经济行为也使得整个市场不能够实现帕累托最优和资源的有效利用。

4.2　个体理性并不必然导致集体理性

在资本逻辑下，个体消费越来越为人为创造的需求所左右，相应地，集体消费亦被卷入所规定的程式套路中，形成一种价值观念和意识形态。由于消费动机不再是人的真实需要而是虚假的欲望，整个社会被群体性带入具有符号象征的主体建构自己身份和地位的工具手段中，在这种生活方式潜移默化的召唤下，人们乐此不疲地追求高档消费品，短暂占据更多的消费资料，甚至在债务危机基础上进行超前消费和跨期消费，并以此为傲，而根本不关心消费的结果，进入“获取—短暂占有—扔弃—再获得”的恶性循环中。这种由个体主义范式带来的集体消费非理性，借助于现代高科技使人们不必顾忌由此带来的社会问题，造成人与自然的紧张对峙，集体非理性消费膨胀在对生态环境进行“掠夺”的同时，也对人类自身带来“集体慢性自杀”和对后代的“集体隐性戕害”。

奥尔森集体行动的困境告诉我们，个体理性极易导致集体非理性，这一逻辑在消费可持续性发展问题上尤其明显。消费可持续性问题具有广泛的社会性和集体性，由于消费者多数是追求个体利益的，必然会弱化集体理性的程度，更不用说被经济绩效的 GDP 指标锦标赛冲昏头脑的经济主体了。理性的经济人狂热地追求利润，个体利益被无限放大，代表集体理性和群体利益的可持续性指标被“虚置”，个体理性与集体非理性的“理性背反”不断地冲击人类的可持续性发展问题。首先，理性的经济人不会为观念上的子孙后代而节制消费的欲望，人类自然资源的有限性不仅不会减缓个体经济人过度使用资源的脚步，反而会由于资源环境的外部效应而加速个体对当前资源的占有，这就是哈丁“公地悲剧”的根源。其次，集体载体具有显著的差异性，理性的个体可以明确到自然人或者法人，而集体理性并没有到位的人格化代表，其载体的泛化使得集体内部产生了“搭便车”的逃责可能。最后，解决国家之间的集体理性问题是一个重复合作博弈的过程，全球范围内的集体消费理性受到各国发展基础、自然资源禀赋、现有资源占有和利用的不平等等因素的影响，全球理性回归在国家之间存在意识和认知的障碍，而发达国家往往对外通过传统产业转移、污染转嫁、资源跨国掠夺等方式使国家层面的本位理性转化为全球的集体非理性。

4.2.1　追求个体利益导致集体非理性

哈丁在 1968 年发表的《公地的悲剧》一文中深刻阐述了个体理性并不必然导致集体理性的道理。想象一块对所有人都开放的草地。在这块公共地上每一个牧民都会尽可能多地放牧他的牲畜，这样一种模式也许会令人满意地持续几个世纪，因为部落争斗、偷猎和疾病一直使得人口及牲畜的数量都大大低于草地的承载力。但随后人类学会了计算，此时，对公共地的出于本能的逻辑思维就会产生无情的悲剧。作为理性人，增加一头牛，他的理性分析是：

他可以从卖掉这头牲畜中获得利益：+1。

他会因为增加牲畜而导致过度放牧：-1。

这是哈丁 1968 年提出的公地悲剧案例，由于过度放牧的后果由所有牧民承担，而卖掉牲畜的利益由他一人获得，所以在“个人理性”的追求之下，他们都会选择增加放牧的数量。结果就是，所有牧民都一样追求利益最大化，结果导致牧场因过度放牧而枯竭，所有的人都因此而受损，公地悲剧就这样发生了。在这个案例中，所有的牧民都是理性人，都在只考虑自己的情况下选择了对自己来说最好的选择，但是结果却是因为市场失灵而导致了更多的损失。除此之外，过度砍伐的森林、过度捕捞的渔业资源及污染空气的生产、污染水资源等，都是“公地悲剧”的典型例子。

“个体理性导致集体非理性”的例子并不是说“经济人”假设的个体理性是错误的。之所以会产生公地悲剧，是因为每个当事人都是“经济人”，他们知道过度放牧会导致草场资源退化，但他们没有能力去对阻止事态的继续恶化，如果他们不放牧，总有其他人会进行放牧，草场依旧会发生退化，而且他们还会因为没有放牧而没有收益导致直接的经济损失。公共物品因产权难以界定而被竞争性地过度使用或侵占是必然的结果。在对个体理性导致集体非理性的研究中，对实际问题加以分析，个体理性的行为结果并不一定是我们预想的结果，如果超越了某个边界，每个人都追求自己的利益，将整个社会的利益置之不理，超过了整个社会承受范围，反而造成个人和集体更多的损失。因此，应该合理把握个体理性的边界，不能只顾个人利益，避免个体理性导致集体非理性，保持个体理性与集体理性的均衡。

4.2.2 “个体理性”与消费异化

近年来，因为过度消费所导致的价值观的扭曲，甚至以显示地位和财富为目的进行消费，铺张浪费的情况屡见不鲜，跟风购买新产品却又迅速闲置或丢弃，一些不良风气也使得贪污腐败的情况不断出现。在消费时，个人都是为了追求自己的利益，得到心理上的满足。因为个人的消费都是自己承担物质费用，从不会考虑到整体的浪费，这样的现实情况也难以让消费者意识到过度消费导致的巨大浪费，反而一味追求自己的个体利益，并且认为他们的经济活动是“理性的”。

随着物流业和电商的发展，人们的消费方式发生了巨大的转变。“双十一”从最初单日单平台5000多万元销售额到总计900多亿元，发展速度惊人。线下购买向线上转移，买东西时总会听到消费者说，网上购买比这个便宜多了。因为价格的问题，很多消费者选择网上购物，在他们看来，价格便宜使他们得到更多的利益。但是由于有些地区电商发达，或者是商品成本的差异，网上的商品一般都来自外省，即使省内，网上购物都是发快递进行交易。整个过程中，网上物品所消耗的人力、物力、财力，远远超过我们的想象。据统计，2016 年我国快递业务量为 313.5 亿件，共耗用编织袋约 32 亿条、塑料袋约 68 亿个、包装箱 37 亿个、胶带 3.3 亿卷。现阶段网购物流越来越发达，服务随之提高，给人们带来了极大的便利，网上的商品定价不一，有的会因为包装费而大幅提高价格，而消费者为了更好的体验，为了得到更好的心理满足，可能选择独立包装的商品。因此包装盒浪费问题也越来越严重。每年中秋节，也会出现同样的因为过度华丽的包装而产生浪费的现象，包装的成本甚至能够占到商品成本的 30%。中国人自古以来讲求“面子”，在送礼的时候无论送的礼物廉价还是昂贵，都需要一个精美的包装，廉价的礼物可以通过精美的包装使之看起来更上档次，提升产品的价值，而价格昂贵的礼物更是需要精美的包装来体现其高贵，起到锦上添花的作用。无论是快递的包装还是商品的礼盒包装，都受到了广泛的关注，有些地区政府已经实施相关文件，严禁包装盒浪费，但效果并不明显。

因此，对于快递行业存在的包装浪费现象，应从各级政府、电商平台、快递公司和消费者全角度入手，切实推进快递包装行业转型，促进快递行业向“绿色化”和“轻型化”转型，避免集体非理性造成的浪费。实际上，我们所追求的物质财富极大丰富，并不是仅仅追求 GDP 的增长，更多的是要满足消费者自身的需求，使人和社会实现全面发展，提升人们生活的满足感和幸福感。像是电商业务的不断增加、成交额的提高，虽然推动了 GDP 的增长，但是却没有创造太多财富，还造成了严重的资源浪费。

4.2.3　社会主义制度下的整体主义

在“个体理性”导致集体非理性的一些弊端之下，整体主义受到越来越多的重视。马克思的方法论主张整体主义，他认为社会是一个有机的整体，研究效益的出发点是整个社会有机整体，但是整体主义并不是忽略个体主义。从中国市场经济的发展来看，马克思的整体主义论对中国社会主义市场经济体制有着重要的指导意义。改革开放以来，国民生产总值快速增长，人民生活不断提高，实现了经济上一次又一次飞跃。中国坚持整体主义论，从整个社会的利益出发，政府适当介入，合理地进行宏观调控稳定经济，逐渐完善各种制度，坚持中国特色社会主义市场经济体制是经济发展的重要支撑点。

4.3 消费非理性与黑色文明的马太化

4.3.1 马太效应

马太效应来自《圣经》的一则寓言："凡有的，还要加倍给他叫他多余；没有的，连他所有的也要夺过来。"① 马太效应反映在社会两极分化上的表现就是，富的更富，穷的更穷。这就是说开始时具有优势，那么凭借着这种优势的积累，在以后的过程中可能会发展得更好。

马太效应在经济生活中是很常见的，从积极的意义来说，它可以激励人们努力奋进，在一个领域尽快占据优势，形成有利于自己发展的局面。但是马太效应造成的差距也存在很多问题，收入差距的增长、分配的不公平都是经济发展中的重要问题，在经济增长和社会转型的关键时期，这种差距是不利于经济发展和社会稳定的，低收入的群体会直接影响到整个社会的经济发展。由于两极分化，差距越来越大，优势的一方会占据优势持续发展，而处于劣势的一方，资源和便利的条件都已经被别人占领，他们很可能因为受到更多剥削和长期处于劣势而不顾一切地追求自己的利益，其结果必然是全人类都遭受损失。

4.3.2 黑色文明马太化

改革开放以来，中国经济成果受到世界瞩目，经济结构不断升级，

---

① Holg Bible. Scotland：Thomas Nelson Publishers，2012.

但生态环境制约问题也受到广泛的关注。由于中国很长一段时间采取以制造业为主的工业生产模式，承受了太多国际上的污染转移，而且我国的法律还不够完善，对于外商投资的管理太宽松，导致了一系列的环境问题。

一些后起城市在发展过程中，由于经济增长受到制约，也只能利用本来就已经破坏过度的资源环境条件继续生产，却无法得到更好的改善，甚至会加剧环境破坏的程度，拉大经济发展的差距。在马太效应的警示下，后发达地区应在绿色发展理念下限制高能耗和高污染产业，促进经济可持续性发展。区域发展过程中更应该注意保护相对不发达地区的生态环境，不能以其他地区的发展为代价换取少数人的先富，这种集体非理性甚至会损害集体利益，使得双方都达不到自己的利益目标。

实际上，不仅城市之间的马太效应值得关注，体现在各国的发展和联系中的黑色文明马太化更为重要。在工业发展的初期阶段，各国需要进行原始资本的积累，最开始欧洲的资本主义国家，对内进行圈地运动，对外进行殖民扩张。在殖民地，资本主义国家掠夺丰富的资源，用于自己产品的加工制造，并将工厂建在殖民地，工业生产所造成的环境污染就被转移到了其他国家或地区。在这样的基础上，资本主义国家发展迅速，很多国家成为发达国家。即使到了现代，一些殖民地已经独立，但因为技术经济落后，还是需要依靠制造业这样的行业，一些发达国家会介入办厂，这些也只是一些污染产业的转移而已。而落后国家也是需要发展的，在落后国家发展的道路上，只能更加深度地使用资源和破坏环境。这就造成了黑色文明的马太化，因为经济发展的成果不能共享，导致一些国家会加快破坏环境。

个体是集体中的个体，集体利益需要各方共同的努力和维护，狭隘地追求个人利益而导致集体非理性，必然走向黑色文明马太化。对于发达国家，其消费投资方式不应该采用破坏其他国家利益的途径，将自己国家应该承担的成本转移到其他国家或地区，并不是解决问题的方法，应该将新的技术应用国内外市场，通过产业升级提高绿色生产的水平，努力建立回收循环机制，将污染在产生之前彻底消灭，实现共赢。对于后发达国家，也应该注重环境保护和治理，防止黑色文明马太化导致的资源环境加速破坏，改善被动局面，引进技术和企业时要考虑全面，不能只一味地追求 GDP 的高速增长。根据国际法的规定，调整国家法律法规，首先以改善被动局面为目标，制定详细的制度，注重治理的落实情况，提高治理的效率。加速破坏并不能够解决已经存在问题，应将更多的精力放在产业转型和升级上，减少来自国外的成本转移，建立合理的污染惩罚制度。随着经济全球化的发展，各国应该正确认识外商投资的作用，对于经济污染问题严格管理，禁止高污染的产业，防止进一步的污染。总体来说，避免非理性和黑色文明马太化对于各个国家的发展意义重大，需要多方共同合作，实现绿色可持续发展。

第 5 章　政策反思之技术滥用：要经济增长还是要消费正义

5.1　市场体制中的技术中性论与 GDP 评价说

5.1.1　技术的本质

1. 马克思的技术本质论

世界知识产权组织将技术定义为关于某一领域有效的科学（理论和研究方法）的全部，也即技术具有两方面的特性，一是技术的科学性，二是技术的目标性。进一步探讨技术的本质，马克思曾在他的《1844年经济学哲学手稿》中提道：技术，即工业的本质的思想，工业活动主要体现为技术活动。马克思认为技术并不仅仅局限在人与自然关系的自然属性，它还具有社会属性即蕴含着人与人的关系。第一，技术的自然属性表现为它和其他一切事物一样都要遵循自然规律。第二，技术的社会属性，即技术的本质和人的本质是具有一致性的，技术的本质就是人本质的异化。人在创造技术的过程中，必然会赋予其某些人的特征，因此技术体现人性，技术即人的本质的外在表现。此外，将技术的本质这个抽象概念放到具体的生产中来看，马克思认为技术的本质要透过工业生产过程才能体现出来。学术界普遍认为，技术具有自然属性和社会属性。技术在作为自然界物质和能量的变换手段的过程中似乎被认为是没有阶级倾向性的，但这只是科学无阶级性在技术领域的一种延展。事实上，在技术的社会属性方面，首先强烈地展现了技术的目的性，因为所有改造自然的主观能力从来都不是无缘无故出现的，这种主观能力就是人的技术活动，技术不是客观的自发演化过程，而是人为的为达到某种目的的手段。此时，技术就不再是中立的，而是被带着工具理性思维的主体人为绑架了，技术的社会判断价值标准也就充分显现出来。比如，生化技术、核技术在被发明之初就是一个破坏的目的；转基因技术在为美国带来巨大经济效益的同时，对于人类和农田生态系统的影响也成为科学争论的焦点。马克思曾强调指出，技术并非自我塑成的存在，不是自因的结果，而是人类为实现自身的发展发明和制造出来的社会实践的直接器官。

2. 传统知识论哲学技术本质论

传统知识论哲学对技术本质论述的主要代表人物有英国唯物主义哲学家培根（1561～1626 年）和霍布斯（1588～1679 年），法国唯物主义哲学家狄德罗（1713～1784 年）和爱尔维修（1715～1771 年）。

培根对技术持乐观态度，他认为技术对人类社会有不可替代的作用，其他一切东西都无法与技术相比拟。西方古代一向重科学而轻技术，甚至认为技术是一种缺乏知识性的活动，没有研究的必要。因此培根指出：一直以来，各种科学站在原地得不到发展，维持着原有的状态，但是在以经验为基础的技术方面发生的变化却恰恰相反，培根甚至设想了一个完全被科学技术主宰的社会。霍布斯对技术同样持乐观态度，认为技术是能够给人带来利益的。狄德罗认为要兼顾思考和行动，将观念和工具相结合，而不再像之前仅注重理论忽视工具。爱尔维修认为技术是满足人的生存目的的物质手段或工具，它的出现正是由于人类生存的需要，特别是饥饿最大限度地刺激了技术的发展。

传统知识论哲学对技术的界定基本局限在纯客体范围，仅从纯直观的角度看待技术，只看到了技术的自然属性，这在很大程度上是因为技术越来越体现在机器的制造和使用上，随着机器的普及式应用，人们将技术理解为劳动资料、生产工具或是物质手段。

3. 西方存在论哲学技术本质观

西方存在论哲学的主要代表人物是海德格尔，基于文化哲学，他认为技术是人的存在方式，反对传统知识论哲学将技术定义为工具等客体形式的存在，因为这并不能正确揭示技术的本质。海德格尔也不认同技术中性的观点，并指出由于人们都普遍认为技术是中性的，所以才阻碍了我们对技术本质的认识。

海德格尔致力于追寻“存在”的意义问题，他通过钻研技术的本质，揭示了技术对人类生存的负面影响，比如技术造成的生态环境问题、能源匮乏问题、战争加剧问题等。这些问题的思考表现出强烈的历史责任感，但也存在着不足，因其所探讨的技术脱离人们生活的现实，所以具有明显的形而上学弊端。

5.1.2　新时代习近平关于科学技术的重要论述

习近平的系列讲话中展现了丰富的科学技术思想和内容，在党的十九大报告中习近平 17 次提到“科技”一词，并强调“创新是引领发展的第一动力，是建设现代化经济体系的战略支撑”，“加强应用基础研究，拓展实施国家重大科技项目，突出关键共性技术、前沿引领技术、现代工程技术、颠覆性技术创新，为建设科技强国、质量强国、航天强国、网络强国、交通强国、数字中国、智慧社会提供有力支撑”①。科技力量越来越成为一个国家国际地位的体现。

第一，强调强科技、兴科技人才。科学技术是第一生产力，科学技术是推进经济社会发展的巨大动力。习近平强调，科技是核心战斗力，科技兴则民族兴，科技强则国家强，在新的历史发展起点上，要“把科技创新摆在更加重要的位置，吹响建设世界科技强国的号角”②。因为有了科技，人们得以摆脱落后进入文明社会，因为有了一次次的科技创新，社会生产力水平得以实现巨大飞跃，人类生活水平得到极大提高。在过去，人们根本无法想象现在所享有的一切：品类繁多营养丰富的食物、设施齐全的楼房、琳琅满目的服饰以及速度越来越快的各种交通工具，这一切都得益于科技的创新和进步。中国要强盛、要复兴，就一定

---

① 习近平：《决胜全面建成小康社会　夺取新时代中国特色社会主义伟大胜利——在中国共产党第十九次全国代表大会上的报告》，新华网，2017 年 10 月 18 日。

② 习近平：《全国科技创新大会、中国科学院第十八次院士大会和中国工程院第十三次院士大会、中国科学技术协会第九次全国代表大会上的讲话》，2016 年 5 月 30 日。

要大力发展科学技术[①]。习近平指出，要“培养造就一大批具有国际水平的战略科技人才、科技领军人才、青年科技人才和高水平创新团队”，“努力造就一大批能够把握世界科技大势、研判科技发展方向的战略科技人才。”[②] 科学技术是人类的伟大创造性活动，一切科技创新活动都是人做出来的，广大的科技工作者是国家的财富，要充分发挥广大院士和青年科技人才的创新引领作用，为建设世界科技强国积蓄智慧的力量。

第二，高度重视创新驱动发展战略。习近平一直把创新摆在国家发展全局的核心位置，高度重视科技创新，不断提出一系列新论断和新要求。习近平指出，实现中华民族伟大复兴的中国梦，必须坚持走中国特色自主创新道路，面向世界科技前沿、面向经济主战场、面向国家重大需求，加快各领域科技创新，这是建设世界科技强国的出发点。[③] 习近平在中央财经委员会第二次会议上指出，必须切实提高我国关键核心技术创新能力，为我国发展提供有力科技保障[④]。

第三，要通过绿色科技创新实现绿色发展。长期以来，我国一直采取高污染、高耗能的生产方式，经济实力提升了，但却付出了巨大的环境代价。我们越来越意识到经济发展绝不能以牺牲环境为代价[⑤]，习近平强调，绿色发展是生态文明建设的必然要求，代表了当今科技和产业变革方向，是最有前途的发展领域。[⑥] 因此加快科技创新尤其是绿色科技创新已经成为当前最为紧急的任务。习近平指出，绿色科技是为社会服务的基本方向，是人类建设美丽地球的重要手段[⑦]。绿色科技旨在促进人与自然和谐发展，将绿色科技运用到生产中，有利于改变长期形成的高耗能、高污染的生产方式，形成新的资源节约型、环境友好型生产模式，同时达到生产方式和生活方式的绿色化。

---

① 习近平：《中国科学院第十九次院士大会、中国工程院第十四次院士大会上的讲话》，2018 年 5 月 28 日。

②③ 习近平：《全国科技创新大会、中国科学院第十八次院士大会和中国工程院第十三次院士大会、中国科学技术协会第九次全国代表大会上的讲话》，2016 年 5 月 30 日。

④ 习近平：《中央财经委员会第二次会议上的讲话》，2018 年 7 月 13 日。

⑤ 习近平：《在哈萨克斯坦纳扎尔巴耶夫大学演讲时的答问》，载于《人民日报》2013 年 9 月 7 日。

⑥ 习近平：《为建设世界科技强国而奋斗》，人民出版社 2016 年版，第 12 页。

⑦ 习近平：《2014 年国际工程科技大会上的讲话》，2014 年 6 月 3 日。

5.1.3　技术是不是中性的?

技术是一把“双刃剑”，它可以提高人类的生产力，带动社会的发展和进步，也可能带来负面的消极后果，技术本质上是人类社会建构起来的，技术是否中性取决于人们控制技术使用的能力，从技术的社会建构论来看，人与自然的关系是否和谐取决于人类对技术控制和使用的合理化。

马克思对技术亦持双重态度。马克思指出，在资本主义条件下，人类对现代技术的控制本性主要体现在将技术作为资本的增殖工具上，这种对技术的滥用和技术异化是导致人与自然关系失调的根本原因。一方面，马克思认为技术的发明使隐含的巨大生产力爆发出来，使生产方式得到了翻天覆地的变化，人类社会能够生产出种类多样、数量庞大的产品，推动了人类生活质量的提升和社会进步。另一方面，马克思也意识到技术尤其是技术异化会带来负面影响。技术在人类进步中的作用，取决于人类究竟该如何使用它，凭借什么原则来使用它。技术用于辅助人的全面发展时，往往是对人类发展有益的，比如为了解放人的双手而创造的一系列机器，推动了文明的进步；而为了获得利益或者个人私欲而片面推动的技术改革，往往是阻碍人类社会进步与人的全面发展的，如在卓别林的《摩登时代》里，曾经有推销员为工厂所有者推销一种自动进食机，目的是减少工人进餐时间，增加工作时间，此时自动喂食机就站在了劳动者的对立面。人类很难阻碍技术的革新，但是却有必要对技术的使用加以限制，技术的使用不能突破伦理的局限，更不能脱离人的自由发展的方向和目标。现代社会中，技术对个人的控制并不是形式上的显性操控，而是通过引入新的生活方式，使新技术产品成为人类思想行为的主宰，由此便出现了马尔库塞似的单向度的思维和行为模式，它使人失去了思考的主动性和辨识的能力，更不用说人的本真需要了，任何脱离了人的需要和发展目标的技术的滥用都是对技术的亵渎，西方马克思主义哲学家的技术批判理论正是对技术操控论的反思。在《1844年经济学哲学手稿》中，马克思就对异化劳动进行了阐释，并隐含着对技术异化的批判，他认为劳动是人正常的需求，是人生活的一部分。但是在资本主义生产方式下，工人生产的产品与其消费数量是不成正比的，此外技术的使用让劳动越来越机巧，但工人却越来越愚钝，越来越成为自然界的奴隶，劳动不再成为人的必需，而是一种负担。

1. 基于生产角度的技术中性论

新中国成立以来，我国为了摆脱贫困落后的局面，在世界上重新确立大国地位，站稳脚跟，一直走高消耗、高增长的发展路线，尤其是在新中国成立初期，资源浪费尤为严重。图 5 –1 总结了 1980 ~2014 年单位 GDP 的石油消耗量数据，以石油为例来分析生产过程中能源使用情况。

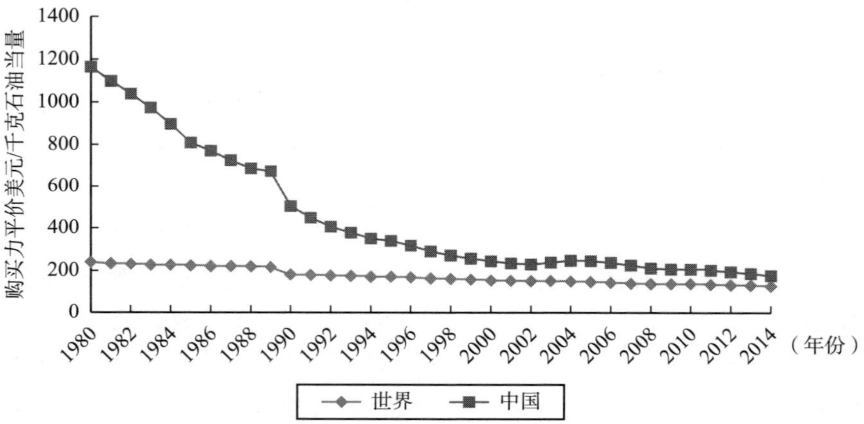

图 5 –1 单位 GDP 能源使用量

资料来源：国家统计局。

在图 5 –1 中，我们可以清晰地看出，自 1980 年以来，中国的单位 GDP 石油消耗量远远高于世界平均水平。1980 年，我国单位 GDP 石油消耗量约为世界平均水平的 5 倍，在那时，生产力低下，技术水平明显落后于世界平均水平，国家想要实现高国内生产总值只能通过过度消耗资源的方式。到 1989 年，第二次工业革命即将完成，全世界的技术水平明显提高，在发达技术背景的支撑下，发达国家的 GDP 开始急速增长，中国的 GDP 也一改之前平稳较慢增长的姿态，开始向高速增长迈进。因此，在这一时期，无论是世界还是中国，石油使用量明显下降，1989 年以来，中国和世界平均水平的单位 GDP 石油消耗量都在缓慢下降，中国的下降速度快于世界水平。

在生产上，虽然技术水平有所提升，但是直至目前，我国单位 GDP 石油消耗量一直高于世界平均水平。随着技术的提升，资源的使用价值也在不断提高。众所周知，石油是国民经济的重要支柱，它是汽车、飞机、潜艇、坦克等设备的重要燃料。除此之外，通过冶炼、分离、提取技术等，石油还可以进行分解，合成各种纤维、橡胶、化肥等化合物，其中，工业上最常用的技术就是将石油变成性质非常活泼的乙烯，然后通过乙烯合成其他物质。我国作为世界第二大经济体，单位 GDP 石油消耗量却明显高于世界平均水平，这其中有大量的石油资源被浪费。这种现象不仅仅存在于石油领域，煤、天然气等各种自然资源同样面临高消耗、高浪费的情况。这也说明在一定时期内我国的经济增长是建立在资源过度使用这种低成本生产方式上。

在微观领域，企业生产存在外部性。外部性分为正外部性和负外部性。正外部性是指某个体的经济行为活动使他人或社会受益，而受益者无须花费代价；负外部性是某个经济行为个体的活动使他人或社会受损，而造成负外部性的人却没有为此承担成本。企业生产过程中往往存在负外部性，由于社会对于外部性监管的疏忽，企业生产过程中产生的负外部效应一般不计入企业的生产成本。技术提升使企业生产效率和产量提高的同时，也使其自身被技术绑架。企业为了获得高额的利润，借助于技术这种先进的生产工具盲目生产，忽略企业经营的外部效应，而当技术被利润影响后，其性质就发生了变化，不再是中性的。

2. 基于消费角度的技术中性论

消费者消费产品的过程中，往往存在信息不对称问题。信息不对称是指交易中的交易双方掌握的信息不同。在社会政治、经济等活动中，一些成员拥有其他成员无法拥有的信息，由此造成信息的不对称。在市场经济活动中，各类参与人员对活动的相关信息掌握程度不同，掌握信息比较充分的一方，往往处于优势地位，而信息贫乏的一方，则处于弱势地位。例如在二手车的买卖中，卖主对其需要卖出的车辆比买方了解，在这种信息不对称的情况下，卖主通常获利更多。在日常生活中，消费者进行消费时也经常存在信息不对称的问题，致使消费者蒙受损失。

5.1.4 市场经济体制下 GDP 评价说

1. GDP 的内涵

GDP（gross domestic product）即国内生产总值，以地域为基础，衡量一个国家或一个地区一定时期生产的全部物品和劳务的最终市场价值。其计算方法主要有生产法、收入法和支出法三种。GDP 能够很好地反映一个国家的经济状况，被世界上很多国家所采用。根据对 GDP 的考察计算，可以大体得到一个国家的经济规模、人民生活水平、产业结构等情况。

2. 市场经济体制下对 GDP 的盲目崇拜

一直以来，我们见证了国家 GDP 的快速增长，同时也看到社会对 GDP 的盲目崇拜。GDP 的增长在壮大了我国经济实力的同时提升了我国的国际地位，我国在世界上掌握了更多的话语权和主动权。但与此同时，对 GDP 的盲目追求也使国内各地互相攀比，只以 GDP 单项指标评判工作绩效。改革开放以后，我国开始实行社会主义市场经济体制。在市场经济体制下，产品和服务从生产到销售完全由市场决定，与由国家统一调配存在根本区别。市场经济的显著特征包括四点：一是商品化的经济资源；二是货币化的经济关系；三是自由化的市场价格；四是开放化的经济系统。我国实行的具有中国特色的社会主义市场经济体制，难免也会带有市场经济本身固有的弊端，其中地方官员的考核升迁就很好地证实了这一点。由于不同地区间的竞争和地区官员升迁考核需要，我国对各地的排名开始沿用 GDP 这个可以量化的指标。有些地区官员为了使自己尽快升迁，过分看重 GDP 指标甚至唯 GDP 是从，而不顾环境、社会福利等其他因素。对一些地方官员来说，固定在某一地区主政的时间不过几年，在这期间搞一些政绩工程或其他工程先把经济总量提上去。相反，如果在主政期间转换经济增长方式，短时间内是看不到效果的，在政绩评定时也不能得到好的效果。这种思想束缚了地区经济长期发展，因此破解 GDP 崇拜、寻求更加合理的社会发展评定标准迫在眉睫。

5.2 有目的的增长与被绑架的技术

5.2.1 中国 GDP 的历史变化

1. GDP 的增长变化

从历史上看，我国 GDP 的变化大致可以分为以下几个阶段：第一阶段，公元 5～14 世纪，中国的 GDP 水平一直高于西欧。这一时期大致是我国历史上的北魏前期至明朝初期，由于民族融合和国家的统一，社会经济得到稳步发展。第二阶段，明朝中期至清末，这一时期社会矛盾加剧，明王朝的统治不再那么稳固，而是开始走下坡路，这期间，社会动荡民不聊生，曾先后爆发过多起农民起义。到了清代，西欧对海外的殖民扩张和中国的闭关锁国形成鲜明对比，中国与世界的差距越拉越大。与此同时，国内危机四伏，农民破产流亡，中国遭受了前所未有的经济冲击。第三阶段，清末到新中国成立。这段时期，国内一直进行着民族独立和解放的斗争，经济状况没有得到多少好转。第四阶段为新中国成立后，我国开始重整破败的经济，尤其是 1978 年之后，我国经济增长速度显著提高，社会面貌焕然一新。1986 年我国 GDP 首次过万亿元，2010 年我国 GDP 总量首次超过日本成为世界第二大经济体，这对于我国来说，是一个划时代的里程碑，是我国不懈发展的明证。

2. 1952～2017 年 GDP 的变化

图 5－2 描述了 1952～2017 年我国 GDP 的总体走势。1952～1977 年，我国整体处于较贫困状态，国内生产总值一直停留在较低的水平；1978 年，我国开始改革开放，经济开始起飞；1992 年，党的十四大提出建立社会主义市场经济体制，逐步形成中国特色社会主义制度；2001 年，中国加入世界贸易组织，对世界的开放程度进一步提高，经济实现迅猛增长。中国改革开放 40 年完成了发达国家 200 多年的才能够完成的经济增长，取得的成绩令世界惊叹。但是，社会的发展不仅仅体现在

经济总量指标上，更多地取决于政治、民生、科技、文化等各项事业的发展。

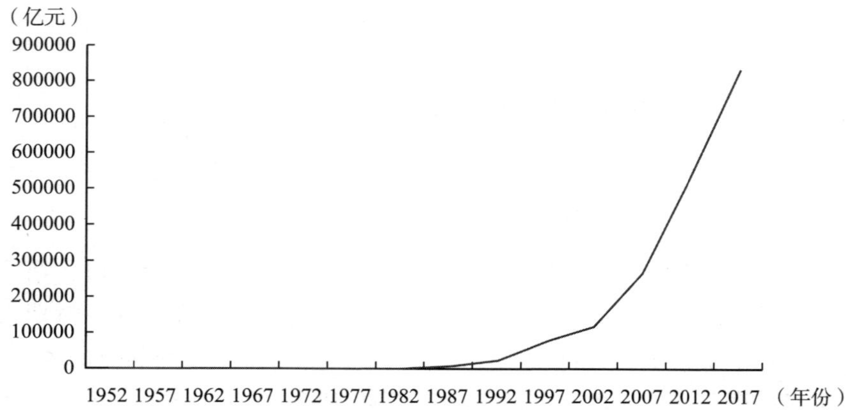

图 5－2　1952～2017 年我国 GDP 的变化

资料来源：国家统计局。

5.2.2　GDP 对社会发展的误导

现代经济学往往将 GDP 总量和人均 GDP 看作衡量社会经济发展水平的重要参照指标，认为 GDP 越高越好，过度看重物质繁荣，片面追求 GDP 增长，无论是学术上还是社会上都存在诸多对 GDP 指标的误读。GDP 统计数字的增长不一定意味着人们福利水平的同步提高，也并不一定全然代表技术水平的进步，事实上，过分追求 GDP 的增长，往往不仅会阻断资源的可持续利用，使高耗能、高污染等产能不断扩张，也会削弱环境和经济之间的适应性。

举个例子来看，西方国家政治人物往往倾向于通过许诺促进 GDP 的提高来赢取选票，但是他们提高 GDP 的途径和手段往往是将很多非正常的支出成本合理化，这种数字的增长很显然并不能促进人们福利和幸福感的实质性提高，因此，一些经济学家和环境学家已经将此种经济增长看作坏事而非好事。美国生态经济学家达里（Herman Daly）将这种现象称为“非经济增长”。

尽管现代社会总是把人均 GDP 作为衡量一个国家平均福利程度的主要标准，但是 GDP 本身却无法衡量福利问题和幸福指数，GDP 衡量的也不是总体财富或效用，而是一种虚拟货币量。因此，单纯地强调经济总量的增长就会存在很多问题，就如哈兹利特所说的："没有科学的办法可以衡量以服务为主的经济的'生产力'。而目前试图衡量它的各种努力都是基于错误的假设。产出的总量从根本上说是主观的，而不是客观的、可以测量的。官方计算的 GDP 值基本上都是骗人的。"① 比如，农民在小麦或玉米减产时通常会比丰收时获得更多的货币收入，商品的稀缺性产生了价格的概念，进而有了国民收入的统计和量化，GDP 的增长并不必然伴随着技术的进步和财富的增加。然而，不幸的是，现代主流经济学总是盲目崇拜 GDP，习惯于把 GDP 增长与经济发展等同起来，正是在这种学说的引导下，一些发展中国家出现了不断拆迁和重建的现象，更普遍地陷入"先污染后治理"的怪圈。显然，这些工作都成为 GDP 的一部分，但实际上，它们并没有从根本上提高人们的福利水平。

5.2.3　技术异化后隐藏的目的性

技术本身无好坏之分，但我们从前面可以看到，在市场经济体制下，由于人们对利润的追逐，某些技术正逐渐转变到人类健康发展的对立面。消费主义正是借助科技理性的手段和工具弱化了人们的危机意识，它使人们相信"不消费就无增长"，也不必顾虑消费带来的社会问题，使人们主动放弃了对未来未知危害的考虑，因为科学可以解决一切问题，技术可以找到替代能源，科学技术的使用能够治理环境污染，使生活变得更美好。

技术异化的例子在现实中并不缺乏。比如，萨力多胺能够在一定程度上缓解人的烦躁及失眠，但如果用在孕妇身上就会造成恶劣的后果。研发者们在将其投放市场时并没有深入研究它对孕妇及胎儿的副作用，而是将此项药物面向所有群体销售，导致了服用过萨力多胺的孕妇产下的婴儿都出现不同程度的畸形。如果研发者们在将该药物投放市场前对它进行严格的检测，在用药说明上标注孕妇禁用，那么这样悲惨的后果就不会发生。

DDT 又叫滴滴涕，具有良好的杀虫特效，最初是被用于军队，后来

---

① 哈兹利特：《反资本主义精神为何会增长?》，引自哈耶克等著：《知识分子为什么反对市场》，秋风编，吉林人民出版社 2003 年版，第 109 页。

被用于农业领域，大幅提升了粮食产量。但使用 DDT 会对人体造成危害，人们食用了药物残余超标的农作物引发各种疾病。另外，使用 DDT 也对生态环境造成了不可估量的损害，它在杀死害虫的同时会杀害鸟类，使生态系统失衡。

在《资本论》中，马克思更为直接地批判了技术异化，他将工人在工场手工业时期及在工厂时期的状况进行对比，在工厂手工业时期内，工人占主动地位，作为一个活机构利用工具；而在工厂时期内，机器上升为主动地位，机器慢慢独立于工人，变成作为机器附属物的工人服侍机器。

资本主义的生产方式下，技术只是资本增殖的工具，人的劳动被禁锢在狭小范围内，机器的使用造成人的劳动技能退化，严重阻碍了人的自由而全面的发展。实际上，正如马克思对技术两面性的评价，技术本身应该是中性的，并无好坏之分，只是由于不同个体的不同目的而扭曲了技术本来的面目。马克思指出，在资本主义条件下，人类对现代技术的控制本性主要体现在将技术作为资本的增殖工具上，这种对技术的滥用和技术异化是导致人与自然关系失调的根本原因。

5.2.4 正确使用技术在于正确看待 GDP 指标

如何正确使用技术，使其有益于人的身心健康和全面自由发展、有益于社会可持续发展，成为当前迫切需要探讨和解决的问题。如何正确地使用技术，在于我们如何正确看待 GDP 这一指标。

GDP 指标无法衡量环境质量和资源消耗。对自然资源的开采和使用，GDP 是无法很好地衡量的。比如煤矿开采并销售掉一吨煤，GDP 里增加了这一吨煤的价值，但是地下也同样减少了一吨煤，这代表着以后可供我们开采的煤会减少一吨，GDP 是无法体现这一点的。此外，过度追求 GDP，引发的生态环境问题还有很多，有些地区的水质遭到污染，人们无可饮用的生活用水，有些地区甚至连干净的空气都没有。以往粗放的经济增长方式，带来了经济的高速增长，让人们一时忽略了环境问题和发展的质量问题，排放的污染物远远超过了自然环境的自净能力。我国许多地区都曾遭受过酸雨的侵袭，还有许多地区出现各种各样奇怪的疾病。因此，在注重经济发展的同时必须以环境保护为前提，既要金山银山又要绿水青山。

GDP 指标不是生活质量的代名词。生活质量中包括人们享受的闲暇、较少的交通阻塞、较完善的社会福利保障等，这些都不是 GDP 指标所能体现的。当今社会的人会越来越注重工作与闲暇之间的平衡，较高的 GDP 要求人们更多地工作，更高强度地竞争，对闲暇要求得越多对 GDP 的贡献相对就越少，但闲暇会使人放慢脚步享受生活，从一定侧面反映了对较高生活质量的追求，这是无法在 GDP 中得到体现的。GDP 作为一个总量指标，只能衡量全国范围的经济状况，无法体现某一特定地区的经济和生活水平。但实际上确实存在着严重的地区发展不平衡问题，如果只看到这一个指标，就会让我们很容易忽略地区发展的不平衡，不利于社会整体的发展和进步。

GDP 指标不能较好地反映社会发展成果。社会公共服务如教育、医疗等在经济社会发展中的作用是无法由 GDP 这一指标来全面反映的，因这一部分支出很大程度是由政府支持。随着我国经济实力突飞猛进，国家深刻意识到教育、卫生等的重要性，加大了对相关领域资金等的投入，因此，在这之后我国普通高等学校在校人数迅速增加，研究生招生人数甚至比高等学校人数增长得还要快。文化产业在各产业经济贡献中慢慢显示出重要地位，体育事业的兴起，带动了国民的健身运动，国民体质显著增强。

因此，我们应理性地看待 GDP，充分意识到 GDP 是有局限性的，要认识到将 GDP 作为衡量一切的指标是没有科学依据的，更多的关注人类自身的长久发展才是我们应该做的事情。

5.3 技术滥用下的有增长无发展和高收入值低幸福感

5.3.1 经济增长与经济发展

经济增长通常是指在一定时期内，一个国家人均产出（或人均收入）水平的持续增加，反映了一国国民经济总量的变化情况。狭义的经济增长仅指 GDP 的增长，经济增长的效果可以由经济增长率来衡量。经济增长率体现了一个国家或者地区在一段时间内经济总量的增长速度，是衡量一个国家或地区总体经济实力增长速度的标志。决定经济增长的因素有劳动就业量、劳动生产率、投资增长率和投资效率、科技进步程度等。

经济发展是指一个国家经济结构优化、社会结构创新、人民生活质量提高等，它不仅仅是一国经济总量的提升，还意味着社会生活各个方面的变化，是在经济增长的基础上，经济结构和社会结构向更加高级化、科学化迈进的过程。衡量经济发展的指标有很多，包括成年人识字率、预期寿命等。决定经济增长的因素，也是影响经济发展的因素。除了上述因素外，还包括制度和机制、对外开放等因素。

从经济增长与经济发展的关系来看，经济增长是经济发展的基础，没有经济增长就没有经济发展。但是，当只关注 GDP 的增长而不关注社会发展的其他方面时，往往会出现只增长不发展的现象，即只有经济总量的增加，没有经济结构和社会结构的优化，也没有人民生活水平和生活质量的提升。在技术滥用时，往往可能会出现“有增长无发展”的情况。

5.3.2　技术滥用下的有增长无发展——基于社会角度

技术滥用下的“有增长”主要指经济总量的增长，“无发展”则包括各个方面。追求经济增长是技术滥用的目的，经济增长是指只注重量的增加，不考虑生态环境、社会福利、人的发展等因素，甚至有时候会以牺牲这些因素为代价来促进经济增长，所以这种发展必然是短暂不可持续的。作为衡量经济增长的重要指标——GDP，前面我们已经探讨过它的局限性，因此，只注重经济增长必然是不合理的。经济发展则包含人的、社会的、经济的、政治的、文化的等一切因素，发展则是为了使各种因素更加协调，实现持续的运转和进步。

但是，在当今社会，技术对人类的生活产生越来越大的影响。随着工业革命的爆发，工业部门逐步由工厂手工业走向机器大工业生产，由机器代替部分人力劳动，大工厂逐步取代小作坊，产出量急剧增加，各国的经济总量也在不断上升。随后，信息化时代到来，互联网应运而生，信息在人们之间更便捷、迅速地传递，打破了地域、空间和时间的限制，整个世界仿佛变成一个大村庄，经济全球化成为必然趋势。技术进步给人类社会带来了物质繁荣，如琳琅满目的商品、鳞次栉比的摩天大楼、惊人的航天和海洋探测技术等。但是，科学技术引领人们走向工业化、现代化的同时，也造成了一些恶劣影响，包括城市的生态环境遭到严重破坏，环境污染，生态失衡，资源浪费，甚至资源枯竭。除此之外，还忽略了社会文化的建设。技术滥用下的工业发展产生了一系列的恶劣影响。

1. 生态环境恶劣

技术滥用下工业发展对生态环境造成的影响，主要表现为以下两点：

（1）大气正在恶化。据 1997 年美国里奇国家实验室的报告，大气中二氧化碳的浓度，自工业革命以来已增长了 30%，甲烷增长了 1 倍，氮氧化物增长了 15%。二氧化碳、甲烷、氮氧化物都是能产生温室效应的气体，其浓度的增加导致气温升高。大气的变化，除了火山喷发、森林大火等自然原因，更多的是因为人类使用煤和石油等化石燃料，释放出大量的二氧化碳、甲烷、氮氧化物。大气污染容易导致酸雨的产生。普通雨水中含有微量的碳酸，但是受到污染的大气，雨水中二氧化硫和氮氧化物等成分增加，使雨水的酸性增强，发生酸雨的概率增加。1999 年，我国成为仅次于欧洲和北美的世界第三大酸雨区，煤至今在我国仍是主要燃料，这是大气污染严重的一个原因。

（2）水圈污染严重。水圈中最大的问题是淡水资源不足，地理分布又不均，成为一些国家和地区持续发展的障碍。在我国，经济建设大发展后，大部分河流已受到不同程度的污染，工业越发达，水的污染越严重。工业生产排出的废水是主要污染源之一，水中污染物包含金属、非金属物质和有机物，种类繁多，例如湘江的重金属污染，由于长期以来不合理的工业布局而很难治理。湘江地区作为“一五”和“三线”建设的老工业基地，周边布满老工业企业，这些企业多年沿用污染严重的“成熟技术”，将废水集中排放至湘江及其支流，水污染甚至于使周边区域内土壤的重金属污染也严重超标。除此之外，海洋本是自然界的聚宝盆和自净池，但有些人却在把它当成污水池和垃圾桶，将生活废水和工业用水纷纷排放进海洋。我国的渤海由于周围城市的扩大和工业的兴起，到 1995 年时已有 56% 的面积被污染，比十年前扩大了 1 倍，而且还在扩大。虽然近年来我国加强了污染的整治，但是前几十年“先发展后治理”的道路着实对我国环境造成了很大破坏。

2. 资源浪费严重

除了对自然环境产生一定的负面影响外，技术滥用还导致企业盲目生产，资源浪费严重。科学技术的革新，大大提高了企业的生产效率，所谓“科学技术是第一生产力”，将科学技术融入社会生产使生产力水平大幅度提高。企业家为了抢占市场份额，占据市场优越性，不顾及市场真实需求，加大马力进行生产。大量产品使用度不高，资源浪费十分严重。

科学技术是一把“双刃剑”。技术可以造福人类，也可以破坏自然。对技术的盲目滥用，一方面会导致各种资源被盲目开采、滥用和浪费，另一方面也会增加大量的废品和污染物。现代主流经济学的“经济人”假定只强调经济当事人的经济利益最大化，而基本不考虑同一代人的社会利益，在此过程中所耗费的自然资源和导致的环境污染等问题也基本不予考虑。

当今社会背景下，技术滥用使经济总量飞快增加，但是社会真正的发展效果还有待考量。大多数人都明白人类的发展更需要全方位协调的进步，而非仅仅经济的增长，但是却始终逃不出追求经济增长的怪圈，这是由一种“惯性”决定的。GDP 评价指标创立之初，确实是衡量社会发展最重要的也是最清晰的指标，但随着社会的发展，其他社会矛盾的显现，GDP 显然不能作为评价社会发展的单一指标，但至今仍被人们作为重要的衡量指标，其实是因为方便。GDP 指标经过经济学家的不断完善与各国的实践，已经渐趋成熟，即使被取代也需要一个过程，这符合一个指标存在周期的规律。除了指标自身存在的惯性，以 GDP 为晋升主要指标的官员体系也存在着惯性。官员的晋升机制与 GDP 指标挂钩，这是城市发展中出现“短暂增长”“周期波动”的重要原因。

为了克服“短暂增长”的困局，第一步仍要通过制度的转变影响经济发展模式与人们的思维方式，要使用更符合社会发展、人类进步的指标来衡量社会发展的程度，更新社会衡量指标，进一步完善 GDP 单一指标评价体系。

5. 3. 3　技术滥用下的高收入值低幸福感——基于人类自身

1. 人们的幸福感如何衡量?

高收入就代表着幸福吗？答案是否定的，虽然这在一定程度上也存在着合理的成分。

幸福指数是人们对自身生存和发展状况感受和体验的衡量，不同的人基于自身实际对幸福有不同的理解。幸福是具有多维度的，这有利于更好地理解幸福的意义。这些维度主要包括以下几个方面：

首先是物质生活水平。物质资料的生产是人类生存和发展的基础，或许物质资料越丰富人们就感到越幸福的说法有些片面，甚至物质资料极大丰富的人还会感到内心空虚，但物质资料的丰富度和幸福感大体上呈现出正相关的关系。物质资料缺乏的家庭，思考的基本就是如何赚取到每日生活必需，但即使在这种情况下或许他们也是幸福的。然而只要当家人遇上大病，家庭经济马上陷入负债状态，甚至因支付不起巨额医药费不敢到医院治疗或是放弃治疗的事情也屡见不鲜，这个时候，可以确定地说他们一定是绝望的。因此物质资料的丰富一定程度上也代表了相对较高的幸福度。

其次是健康。健康的状态包括许多方面，有身体上的、精神上的以及社会方面的。健康是人生的第一笔财富，也是衡量人们幸福度的一项重要指标。健康不仅关乎人的生活质量，还会对人的寿命长短造成很大影响。人的身体出现问题，不仅会对家庭造成经济压力，而且也会打击自身及家属的心理。因此保持健康的体魄，也是幸福的一种体现。

再次是教育。教育是一种为培养合格公民及优秀人才的、有组织和有计划的系统传授知识及技术规范等的社会活动。通过教育，人们能够获得经济生产的技能，受过较好教育的人会有相对较低的失业率，会有更为广泛的社会关系，能够更好地参与政治生活，会有更高的思想境界追求更有意义的人生。总之，教育会带来诸多货币性及非货币性的收益，是幸福度衡量的一种方式。

最后是环境条件。要实现经济的持续健康发展就必须保证良好的生态环境。经济社会发展不足或者发展不当是造成环境问题的原因。环境遭到污染和破坏后会通过两种方式危害人的健康。一种是直接方式，主要是通过空气污染、水污染、噪音等的污染影响人的健康；另一种是间接方式，主要是由于环境污染引起的气候变化、生态中频发的自然灾害、生物多样性的减少等影响人的健康。因此，人们越来越注重自身生活的环境。如果人们每天生活在被严重破坏了的环境中，无时无刻不在担忧环境污染对健康的危害，不难想象这种状态下的人幸福度是不高的。

2. 当今社会的高收入值低幸福感

技术发展日新月异，人们过度依赖技术，坚信技术能够创造人类美好命运，能够推动经济增长、提高人均收入水平。在这种思想下，人们逐步放松了对技术的警惕，甚至只追求经济增长，对技术滥用现象视而不见。马尔库塞对消费异化的研究基于人类的虚假消费心理，提出这种消费心理并不能够让人们获得真正的幸福，只能获得物质表面的快乐。同时，经济发展的事实也进一步证明，人民幸福感的提升并不明显，并且出现了高收入值低幸福感的现象。

智能手机技术的产生使人们的生活方式发生了翻天覆地的变化，人们在家中、办公室、餐馆、公交车上可以随时浏览世界上发生的新鲜事。人们根据自己的兴趣，听音乐、看电影、玩电子游戏等，甚至不用走出家门就可以通过电子商务平台满足自身衣食住行的需求。网络技术逐步改变着人类的生活方式，在带来便捷的同时也使人们忽略了与现实世界中身边亲人、朋友的交往，人与人之间面对面的联系越来越少，即使是回家探望父母或者偶尔与三五个朋友聚会，也只是坐在座位上各自玩着各自的手机，成为人在一起、心在四方的“低头族”。

与智能手机导致人类主动选择疏远彼此的现象对比，农村家庭被迫分开，留守儿童的情况则更令人叹息。城市技术发展、工业进步，对劳动力需求增多，农村的劳动力为了获得更高的收入，大量迁往城市，其子女被迫成为留守儿童。2017 年，中国社会科学院联合腾讯手机充值、腾讯公益展开对留守儿童的调查研究，发布了《留守儿童调查报告》。该报告显示，中国农村现存留守儿童（16 岁以下）总量在 5000 万以上，全人口中曾经有留守经历的人口总量约 2 亿，并且其中 90% 的儿童来自一般收入和贫困收入家庭。如此庞大的数字值得我们深思。儿童是祖国的花朵，是中华民族的未来，但是农村这种父母与子女分离的现状将会对儿童的健康成长造成很大的影响，不利于儿童的心理健康。从农村迁往城市的劳动力由于没有足够的能力在城市立足，加之城市教育和医疗资源有限，农民工的子女很难在城市与父母生活在一起。虽然农民工迁往城市可以获得比在农村更高的收入，但是却牺牲了自己的家庭，错过了子女的大部分成长时间，幸福感依旧得不到提升。

技术发展的最终目的应该是实现人们自由健康全面的发展，而不仅仅是追求经济的高速增长和更高的 GDP。因此，要解决高收入值低幸福感的问题，必须要重视经济发展，科学地建立起适应我国经济基础的上层建筑，实现人的全面发展。

5.4　技术滥用下的消费不正义

5.4.1　马克思分配正义观

马克思分配正义观是在批判傅立叶、汤普逊等人的基础上建立起来的，最初在《1857～1858 年经济学手稿》中提到“分配正义”的相关命题，《资本论》则是比较完全地实现了这一理论的变革。在《哥达纲领批判》中，马克思批判了哥达纲领的错误认识，系统地阐述了自己的分配正义思想，《哥达纲领批判》的问世，也标志着马克思“分配正义观”的成熟。

马克思详细考察了生产、分配、交换和消费的一般关系。他指出：“在生产中，社会成员占有（开发、改造）自然产品供人类需要；分配则决定个人分取这些产品的比例；交换给个人带来他想用分配给他的一份产品换取的那些特殊商品；最后，在消费中，产品变成享受的对象，个人占有的对象。”[①] 这样看起来，生产是起点，消费是重点，分配和消费则是生产流通过程的中间环节，分配决定某种产品分配给个人的数量。然而，这只是一种肤浅的理解，是一种肤浅的生产和分配的关系。

---

① 马克思：《1857～1858 年经济学手稿》，人民出版社 1979 年版，第 26 页。

马克思指出，生产不是一成不变的，它是一个动态的过程，在这个过程里，生产、分配、交换和消费有机统一，共同组合成一个完整的过程，分配方式仅是生产方式的一种表现。通过不改变生产方式只改变分配方式来实现分配正义只能是一种空想。分配与生产密切相关，不仅包括劳动产品的分配，还包括生产工具的分配和劳动者的分工。因此，马克思清楚地指出："所谓的分配关系，是同生产过程的历史地规定的特殊社会形式，以及人们在他们的人类社会生活的再生产过程中相互所处的关系相适应的，并且是由这些形式和关系产生的。"[①] 由此可见，马克思视角下的分配正义是起点、过程和结果都正义的一种分配观。

5.4.2 消费正义

1. 何为消费正义

有的学者认为消费正义的实质是"用人类整体理性来反思人类的消费行为，以人与自然、人与人、人与自身的协调和可持续发展为价值目标，倡导合理消费、正当消费、适度消费和可持续消费"[②]。也有的学者从理论的、形而上的、思辨的层面看，认为消费正义是对经济社会发展和人类存在方式关系的合理性的价值批判，它所关注的是人类如何不以自身异化为代价去发展经济，并在这种发展过程中实现人身的自由健康全面的发展。消费正义是对消费活动的合理性、正当性和规范性进行研究，致力于实现消费公正，使消费不仅成为经济运行的基本环节，而且成为促进经济社会生态可持续发展、促进人的自由全面发展的基本环节。马克思并没有明确地提出消费正义的概念，截至目前，其研究者也没有对消费正义下一个明确的定义。但是，学术界对于马克思理论中对消费异化思想进行研究的比较多，批判消费异化，其实质上就是坚持一种消费正义的思想。

① 马克思：《资本论》（第3卷），人民出版社2004年版，第999页。

② 何建华：《生态文明视域下的消费正义探析》，载于《中共杭州市委党校学报》2012年第1期，第75~80页。

2. 消费正义的当代价值

消费正义的价值主要从其工具性和目的性来看。从工具性上来说，消费正义有利于经济发展，提高人类的消费质量从而提高生活质量，还有利于资源节约和保护环境；从目的性上来看，消费正义有助于人类实现自由而全面的发展，有利于促进社会公平，通过合理的消费行为帮助人类实现自我，提高幸福感，从而建立和谐的社会关系。

消费正义要求人们寻找合理的消费方式，寻找真正能够满足自身需求的消费客体，而不是在虚假消费心理的引导下盲目进行消费。然而，在科学技术迅速发展的今天，技术滥用已经成为社会生活的常态，消费不正义的现象随处可见。

5.4.3　分配正义与消费正义

马克思观点下的分配正义是一种起点、过程和结果都正义的分配观，从而，其观点下的消费观也应该是整个过程都正义的。然而，在现实生活中，由于市场经济的影响，人们的收入差距两极分化，高收入人群与低收入人群消费存在不正义现象。高收入人群已经有了一定的经济基础，有了较高水平的经济保障，不再需要为吃穿住行担忧，从而更加倾向于对社会的认知和思考，他们的消费也向金融业、服务业，向创造可再生资源倾斜；而低收入人群没有时间和精力去思考更加深层次的东西，他们每天都在为提高自身的生活保障而努力，尽一切所能提高自己的经济收入，在这个过程，由于低收入人群没有知识也没有掌握先进的技术，他们通常通过掠夺大自然来增加收入，如砍伐森林、围湖造田等。

5.4.4　技术滥用下的消费不正义

技术滥用下的消费不正义可以从经济学、环境学和伦理学三个角度进行分析。

从经济学角度来看，技术滥用导致一定时期内经济的发展程度与消费活动不适应，消费存在超前现象。工业革命以后，科学与技术结合在一起，这种结合使得技术变得异常强大。企业家将科学技术应用于企业的生产加工过程，为了追求无限量的剩余价值，不断进行生产，并借助广告、促销、电视植入等手段慢慢地将产品在无形中渗透进人们的思想中，影响消费者的消费心理，使得消费者过度消费。当消费水平超越经济发展水平时，往往会导致经济过热，发生通货膨胀。

从环境学角度来看，现如今科技的发展，使人们攫取资源的方式发生了变化，同时还向环境中排放了大量的废弃物。过度消费或者消费不足都会对社会产生一定影响。在技术滥用的背景下，过度消费的负面影响主要表现在以下几个方面：（1）增加对资源的压力。（2）产生过多的废弃物，特别是生活垃圾。（3）通过带动工业发展而加剧环境污染。（4）破坏生物多样性。（5）破坏自然景观。而当消费不足时，则会使得人类对环境资源的掠夺不择手段，不顾后果，从而造成环境破坏，如部分发展中国家在谋求经济增长的过程中，过度使用资源，过分从自然中索取，也会带来对生态环境的压力。因此，从环境学的角度看，人类应当学会适度消费，坚持消费是为了自身真实需要的原则，进行正当合理的消费，以节约资源，保护环境，缓和人与自然之间的紧张关系，促进人与自然和谐发展。

从伦理学角度来看，人类消费活动无法对自身、他人和自然界负责。

第一，人类的消费活动无法对自己负责。贪婪、无限欲望是人类的本性，但是这些本性不是只能通过消费和占有的方式进行满足。实际上，物质财富不是幸福的唯一源泉，人除了物质需要外，还需要闲暇、娱乐、文化、友谊、和谐的家庭和舒适的环境等。

但是在技术充斥在各个领域的今天，技术的强大力量使市场处于供大于求的状态，也导致消费不正义现象时有发生。消费不正义是一种典型的不负责任的消费方式，与马克思主义提倡的“可持续消费”以创造一个可持续发展的社会的目的截然相反。不正义的消费方式主张炫耀性、奢侈性和新奇性的消费，追求无节制的物质享受，并以此作为生活的目的和人生的价值，过度地追求物质生活的极大富裕。

真正的消费正义应该是较少地依赖物质财富，将物质需求转移到精神需求上来，注重生活质量的提高和精神文化的建设，为了实现“可持续消费”以及人类自由而全面的发展，人类应将物质消费限制在一个合理的范围内，更多地追求人与人之间的和谐、友谊等精神上的满足，要循序渐进地改变人们的生活方式，从日常生活的一点一滴做起，坚持“更少地消费，更多地生活”的原则。

第二，人类的消费活动无法对他人负责。首先，消费活动必须不损害他人的利益。这对于消费者意味着：拒绝购买有碍他人健康的产品；抵制性消费品广告；反对歧视女性和外国雇员；拒绝向战争地区提供军用品。其次，消费活动不能损害后代人的利益。地球上的自然资源是有限的。如果当代人自私自利、目光短浅，为满足当代人的各种需要掠夺性地开发和利用自然资源，那么不仅地球上的不可再生资源很快会枯竭，而且可再生资源也会因为过度开发或开采不合理，其再生过程受阻，物种消失，再生量不断减少，以致枯竭。

史蒂芬·霍金曾警告人类：“科技是人类的威胁。”科技发展带来的机遇中也潜藏着陷阱和危机。在当代消费不正义盛行的时期，代际消费不公表现得尤为明显，是消费不正义最直接的表现。企业家不断地追求剩余价值，不顾及社会的真实需要，只管开足马力进行生产，造成大量的资源浪费。同时，很多的科技应用也都是福及当代，祸及后代。目前，后发国家无节制地开采资源的现状就是如此，尽管科技的发展使得资源有了更多的用途，但是资源无限制开采、大量浪费使其利用率不高。同时，相应的污染处理配套措施不完善，使当代人在享受资源带来的便利的同时，将污染与枯竭的危险留给了下一代。

因此，当代人在开发自然资源满足自己的需要时，必须明智地担负起代际合理分配自然资源的职责，应该让后代人也有同等的发展机会。人类的消费活动应该按照既能满足当代人需要，又不对后代人发展造成阻碍的原则进行，要保证社会的可持续发展，人民生活才能越来越美好。

第三，人类的消费活动无法对自然环境负责。自然界是人类生存和发展的基础，人的消费活动离不开一定的自然环境和社会环境。消费不正义已经使地球生态环境付出了巨大的代价。从全球变暖到物种灭绝，消费者都应对地球的不幸承担巨大的责任。艾伦·杜宁在《多少算够》一书中发出这样的疑问：如果环境破坏的根源在于人们拥有太少或者太多，那么，多少算够呢？如果全世界人民都推广美国人的生活方式，将会加速资源耗竭和生态失衡的趋势，将会加速地球生物圈的毁灭。因为地球不可能支持我们60亿甚至更多的人口都像美国人一样生活。自然环境的破坏往往是不可逆的，自然资源的形成也需要数几十万年甚至上亿年，山体滑坡、泥石流、地震、飓风等自然灾害都让我们看得了大自然无穷的力量，这都是人力无法改变的。人类的不正义消费行为很有可能会带来无法预计的后果。

因此，在现实的消费活动中，我们必须形成一种与环境相和谐的行为：避免在洗涤剂中使用不可降解的物质；用绝热设备节约使用古生能源；充分利用太阳能、风能和生物气；避免在喷雾器和冷却剂中使用氟利昂；优先使用可再生的纸张、可回收或再利用的包装材料；实行垃圾分类制度；拒绝食用靠大规模动物圈养或加重土壤负荷的种植方法生产的食品，如此等等。不仅如此，在购物消费上，必须将产品的环境影响作为购物选择的重要准则，拒绝购买大量消耗资源、污染环境或用不可回收的材料制成的产品；尽量购买本地产品，以节省远距离运输的能源消耗；购买经久耐用的优质品，这样其经济成本和环境成本都最低；要购买无包装或只有很少包装的商品，以减少污染；要抵制广告推销的商品；还要考虑是否有旧货市场，以便以后转手充分利用，不致浪费。

消费行为在技术滥用的背景下也会导致区域消费差异。技术在人类进步中的作用，取决于人类究竟如何使用它，凭借什么原则来使用它。技术用于辅助人的全面发展时，往往是对人类发展有益的，比如为了解放人的双手而创造的一系列机器，推动了文明的进步；而片面为了获得利益或者个人私欲而推动的技术进步，往往是阻碍人类社会进步与人的全面发展的。在卓别林的《摩登时代》里，曾经有推销员为工厂所有者推销一种自动进食机，作用是减少工人进餐时间，增加工作时间。毫无疑问，这种发明简直是“灭人性”的技术，是应该受到谴责的。技术发展的进程同人类进步的进程是基本同步的，我们没有必要也不能阻碍技术发展的进程，但却需要对技术的发展方向加以限制，技术的进步不能突破伦理的范畴，不能脱离人的自由发展的需要。

从广义上讲，工业文明和黑色消费通过对技术和符号的获得占有实现了技术的需求工具性，技术精致化生产方式保持了品牌产品的符号意义，颠覆了最大使用价值原则的科学内涵，将技术工具理性与消费的符号意义巧妙地结合在一起。技术产品的功能性应用不断扩大，消费者对符号产品的欲望经常性地显像为一种缺乏意向性的空虚和无止境的占有，只能通过不断地消费和占有来销蚀。至此，技术物再也不是中性的意向可能性，而是转化为足以控制人类物质欲求的充实存在。技术本身拓展了人类探寻的领域，但正如史蒂芬·霍金所警告的，科技进步带来的发展机遇中也潜藏着陷阱和危机。消费主义正是借助于科技理性的手段和工具弱化了人们的危机意识，它使人们相信“不消费就无增长”，也不再顾虑消费带来的社会问题，使人们主动放弃了对未来未知危害的考虑，因为科学可以解决一切问题，技术可以找到替代能源，科学技术的使用能够治理环境污染，使生活变得更美好。然而事实是，新技术的应用本来可以减少工人的工作时间，但是大多数人却发现自己的工作时间越来越长了，虽然劳动获取的薪酬在上涨，但是被当代消费体制说服购买的“毫无用处”的消费品也越来越多，高兹将这类商品称为“补偿型商品”，消费者沉没在拥有大量的补偿型商品中，被看成人类逃离集体世界，进入个人自由选择港湾的标志。这类商品的出现，被熊彼特形象地称为“创造性破坏”发生在土地上。当我们充分谅解了技术的两面性，也认识到消费主义的实质后，打破“不消费无增长”的理念，破解黑色消费之殇，寻求绿色的消费方式显得尤为重要。

第三篇　消费文明转型与绿色简约消费

世界工业文明发展的历史实践表明，自 18 世纪资本主义工业革命以来，大部分国家的现代化和工业化都走了一条工业经济黑色化的黑色发展道路，形成了工业文明黑色经济形态。在对黑色文明的反思和批判中，国内外学者有一个共识：黑色文明带来的世界物质财富的不断增加是毋庸置疑的，然而黑色文明造成的自然界濒临崩溃和匮乏也是不容忽视的。黑色文明不仅带来自然界的异化，也带来人的异化、物的异化和整个社会的异化。当今世界资源枯竭、生物灭绝、生态赤字、环境透支恶化，经济意识形态战频发，消费主义、物质主义盛行，道德滑坡、精神空虚堕落，贫富悬殊、社会关系恶化，诸多样态已经充分显露出黑色发展路径的黑色效应，以牺牲自然生态来换取经济发展使地球系统快速进入不可逆转的崩溃边缘，工业经济黑色文明已全面陷入危机的深渊，是对生产力的严重破坏。

目前国内在学科属性上尤其强调环境经济学对黑色经济治理的新概念，试图通过环境库兹涅茨曲线来解释并解决世界面临的环境和资源问题，这不可能从根本上解决生态问题，也不可能克服人类面临的生态危机。只要市场经济体制中资本逻辑主导下的个体主义行为范式依然存在，工业经济和黑色经济文明就依然存在，人和自然的和谐共处就很难提上日程，黑色文明经济范畴的环境经济学及其“先发展后治理”的经济理念，本质上仍是人与自然对立的文明观，并没有从根本上消除黑色文明及工业经济反生态和反人性的黑色基因，丢弃了超越黑色经济、铸造绿色生态文明的本质属性。因此，以工业经济范式或黑色文明平台来回应消费转型和消费本质的回归，也不可能从根本上走出黑色消费困境。

中国特色绿色简约消费社会的构建，首先需要从单一的黑色工业经济文明向物质文明和绿色生态文明多元目标的转型，从黑色文明和黑色发展模式向生态文明和绿色发展道路的转型，这是历史的必然，也是人类化解当今黑色文明工业发展危机的自觉选择，是唯一的选择。这种绿色生态文明开辟了经济发展的绿色道路，是对黑色经济形态的批判和否定。

第 6 章　文明转型：破解黑色消费之殇

建立一个完整的绿色简约文明体系必须要经历一个先破后立的过程，要充分反思几个世纪以来工业经济下的逻辑，扭转一些不利于可持续发展的思维方式，打破“消费主义至上”的思想，才可能实现由“黑色文明”向“绿色文明”的转型，从消费异化回归消费本质。

6.1　工业经济中的黑色文明

2006 年，潘岳在《论社会主义生态文明》一文中提出了“黑色文明”的说法：“如果说农业文明是‘黄色文明’，工业文明是‘黑色文明’，那生态文明就是‘绿色文明’。”[①] 工业经济常以矿藏、钢铁、机器为标志，用“黑色文明”来形象地代表“工业文明”一经提出，便广泛地被大家接受。

“黑色文明”这一说法虽然提出得较晚，但是对工业文明的讨论与反思从工业革命之初就已经出现，工业经济给人类带来了从未有过的繁荣，也带来了人类从未面对过的各种问题与考验，如生态环境的恶化、自然资源的枯竭、人口爆炸、消费主义的泛滥以及对人性的重新思考等。1980 年，美国未来学家阿尔文·托夫勒在《第三次浪潮》中就曾指出工业文明极有可能会成为毁灭地球的力量，他曾表示第二次浪潮产生了极为激烈的后果，最强烈和无法挽救的就是人类对自然的偏见，应用科技的蛮横以及资本扩张的需要使得生态环境遭到了不可恢复的破坏：“历史上从来没有一个文明使用这么多新方法来摧毁整个地球，海

① 潘岳：《生态文明：延续人类生存的新文明》，载于《中国新闻周刊》2006 年第 37 期。

洋上方满是毒气，整个物种一夜间从地球上消失，这都是人类贪婪和疏忽的后果。”①

对“黑色文明”进行溯源、反思，进而找出可持续发展的路径，是实现党的十九大要求的“人与自然和谐发展的现代化”的必然要求，也是人类永续生存的必经之路。

6.1.1 探源及发展

“黑色文明”的提出加深了人们对工业文明的了解，促使人类在探寻新的发展模式中走出了从理论上认识、现实中实践、理论上再认识的理论与实践相结合的转型路径，回顾“黑色文明”的研究历程，我们看到理论与实践是同时推进、相互促进的。在某些时间段，扭转“黑色文明”的实践由于利益相关者的阻碍进展缓慢；在有些时候，理论会由于边缘化或科学的瓶颈短暂地陷入停滞，但整体趋势是同步向前发展的。

1798 年，马尔萨斯提出了“资源绝对稀缺”的观点，人口的指数级增长与土地、粮食之间存在着矛盾；1876 年，恩格斯在《自然辩证法》中对人类提出警告：“对于每一次这种（人们对自然界）的胜利，自然界都报复了我们。”② 1962 年蕾切尔·卡逊在《寂静的春天》中描述了一个由于过度使用农药造成的没有生机的世界，详细分析了农药的发展如何对生态链及生态系统各环节造成无法消除的后果。《寂静的春天》真正催生了人们对工业文明的集体反思，使得纠正工业文明的力量从少数生态学家和经济学家扩展到大众群体，也使得越来越多经济学家对传统经济学的规则进行重新考量。自此之后，对于“黑色文明”的反思细化为包括环境经济学、公共经济学等诸多学科，在经济学的各个学科和领域都必须考量生态承载力和可持续发展的需要。

毫无疑问，如果继续放任“黑色文明”发展而不加以纠偏，人类将走进无法持续的恐惧之中，即使在未来存在可行的霍金提出的“移民”方案，结果可能也只是进入新一轮的恶性循环。面临全球生态日益

---

① 阿尔温·托夫勒：《第三次浪潮》，黄明坚译，中信出版社 2018 年版，第 71 页。

② 恩格斯：《自然辩证法》，人民出版社 1984 年版，第 304 页。

恶化的现状，各种组织和机构也在努力使各国打破狭隘的政治疆界，促使各国达成共识共同纠正“黑色文明”带来的错误，提高公众环保意识，实现对地球更高的尊重与关切。1992年联合国“全球环境与发展高峰会议”就指出人类将面临日益严峻的环境问题，我们也知道，里约会议提出的目标远远没有实现；追求狭隘利益的国家、企业和个人，意识形态分歧，经济利益的插足使得达成一个经济效益、生态效益和社会效益相统一的合约变得尤为困难，许多非政府机构评价其相对于10年前的里约会议是退步的。

6.1.2 “黑色文明”的标志性特征——“消费主义”盛行

工业的发展带来了以往的历史中从未有过的物质资料，这也是人类不能用经验来应对的现象，甚至无法确定面对如此迅速的发展，人类是否有了足以应对“庞大的商品堆积”的生理和心理机能。机器的发明解放了人类的双手，使人类生产资料从极度匮乏到现在从数量上看已经能远远满足全人类的需要，甚至如果不加纠正地继续往前走，我们将可能走向另一个极端——马克思所说的“庞大的商品堆积”。历史上，在一些国家的一些阶段，这种现象显露得十分明显。

为了解决“商品堆积问题”，很多政客与学者都给出了自己的药方，这一问题最直接的解决办法就是增加周转率，刺激人们过度消费，这些思想和政策的不断演化构成了“黑色文明”极为重要的一部分——消费主义，郑也夫更是将“消费主义”盛行的今天称为“后物欲时代”。“消费主义”盛行，是一个多方面因素共同作用的结果，人本能的追寻是其前提条件，如智人对领地的敏感、生物对快感的追求等；工业经济的发展是“消费主义”发展的必要条件，商人的促销则有推波助澜的作用。

我们生活在自我意识增长的时期，智人延续了从黑猩猩那里继承的“传统”，对领地十分敏感。“领地”的作用主要有二：一是区分“自我”与“他人”；二是获得“平静”与“刺激”。这两点简单说表现为个人在生活中的三点动机：模仿、显示自我和炫耀。有些经济学家基于此认为人类进行消费行为，甚至进行非理性的更新换代，都是由人的基因决定的。人的消费行为，和雄性孔雀展开其尾巴吸引雌性孔雀的注意、和黑猩猩家族模仿其首领的行为一样，是在一定条件下人类基因的选择。

真正为社会人奠定以消费为核心的人生观基础的人并不是生物学家，很可能是提出快乐哲学的理论家。这一论点具有坚实的生物学基础，毕竟在生物界，并没有权利与管辖、公平或歧视、贫穷或富裕这些人类虚构出来的概念与差别，但大部分生物研究支持的生物学共识是“快感的确是存在的”。快乐哲学的理论家认为人的一切行为（基本无例外）主要是为了追寻快乐。

这是一种对过度追求虚拟价值的价值观的反思，无数的美国人从《独立宣言》中获得力量，立志终身为实现人的平等与尊严而努力，但当我们认真琢磨《独立宣言》的主张时，会发现，甚至中间的文字全都来自于人类虚构的文化：“人人生而平等，造物者赋予他们若干不可剥夺的权利，其中包括生命权、自由权和追求幸福的权利。”

我们看到，不论是“造物主”，还是“平等”“生命权”“自由权”“追求幸福的权利”，这些都属于“一千个人有一千个哈姆雷特”式的问题，一个有序社会秩序的构建十分艰难，对这些美好憧憬的维护必须像呵护玻璃球一样小心翼翼，并且需要几代人艰苦不懈的努力才有可能实现。正是依靠这些美好且脆弱的力量，人类才始终保持着凝聚力，社会才始终拥有向上的动力。

生物学家布兰德在 1995 年曾经做过这样一个实验：在一个尽可能排除一切外部刺激的箱子内，放入一只老鼠，箱子内置三个杠杆，老鼠压一号杠杆会出食物，压二号杠杆会出水，压三号杠杆会使老鼠的下丘脑释放短暂的快感。在三组实验的老鼠中，每一组老鼠都最终发现了杠杆的秘密，只选择压三号杠杆，直至饿死或者渴死。

动物的行为是为了追求单纯的快乐。但是从生存角度来看，这并不是一个好消息，这个实验告诉我们的最直接的经验听起来像一个宫崎骏风格的童话箴言：一味沉溺于快乐会带来灭顶之灾。老鼠在人为制造的环境中一味追求快乐的结果是死亡，那么，自然界会带来这样的环境吗？人类在自己构建的社会秩序里会走向何方呢？对于第一个问题，有人认为自然界不存在一种机制可以使某种物种持续陷入“快乐”之中，根据“适者生存”法则，也有些人提出：在自然的环境中不存在追求单纯快感的生物，可能正是因为它们被淘汰了。因为从物种选择的理论来看，如果不存在一只老鼠突破实验结果中的循环，压下一号和二号杠杆以获取食物和水源，就不能进行交配活动，将物种的基因传递下去。不论是哪一种理论更具有说服力，这对人类社会的构建并不一定是好消息。

倘若是遵循“适者生存”法则，老鼠因为走下三号杠杆，才获得了生存的机会，其子辈继承了父辈基因，也不再是单纯追求快感的老鼠了。换句话说，自然选择下得以延续的物种可能并不是单纯追求快乐的，人类也不应该突破这个规则。幸运的是，我们看到，即使面对着纯度越来越高的毒品，人类也没有灭亡，反而制定出秩序自觉约束毒品的传播，这说明，人类有能力来应对这种失控行为。

工业经济的发展是“消费主义”兴起的必要条件，也是“消费主义”出现的基础因素。工业经济创造出巨大的物质财富，缩短了人类为温饱而劳作的时间。工业革命开始之前，几乎所有的国家面临的最大问题都是物质资料的匮乏带来的生存问题，这种经济基础决定的人生观是以吃苦为基调的，创造的基本氛围是：生存是严酷且艰难的。孔子说：“君子食无求饱，居无求安。”[①] 孟子说：“天将降大任于是人也，必将苦其心志，劳其筋骨，饿其体肤，空乏其身，行拂乱其所为。”[②]

萧伯纳曾说过：“人生的两大悲剧，一是求而不得，一是得到了。”[③] 人类的发展史看起来就是从矛盾的这端走向另一端的过程。人们在温饱问题没有解决的时候，放弃了多元化饮食，“驯化”出各种谷物与家畜。《人类简史》中曾经提出过这样的问题：究竟是人类“驯化”了小麦，还是小麦“驯化”了人类？谷物借着人类的脚步从非洲迅速扩展到了全球，人类则自此面临着单一的食物摄入，甚至在21世纪出现了“粮食危机”问题，我们要为谷物的成长煞费苦心。到了物质资料丰富的时候，人们突然又陷入了空虚和迷茫，开始重新寻找存在的意义。这种迷茫最初降临在少数贵族头上，出现了“酒池肉林”“从此君王不早朝”等荒淫无道、腐败堕落的问题，这种时候在历史的长河中也不过是一瞬之间，但到了现在，我们需要认真思考当基本的需要得

---

① 孔子：《论语·学而》。

② 孟子：《孟子·告子下》。

③ Shaw, Bernard. Man and Superman: A Comedy and a Philosophy. Westminster: Archibald Constable & Co., Ltd., 1903.

到满足后，我们究竟该走向何方？

商人的促销在“消费主义”兴起的过程中也“功不可没”，工业经济最先成就的是资本家和商人，后来推动着工业以及消费不停歇地向前发展的也是这一群人。他们积极地填补物质资料满足给人们带来的真空区域，创造一切可能形成购买欲望的商品，给商品包上五颜六色的包装袋，通过广告、操控话语权等来引导人们不停地进行消费。以至于埃文曾经指出：“在今天的西方世界中没有第二个意识形态，只有一个意识形态，就是消费；而它的首领不是政治家，不是记者，而是商人。”① 商人比起政治家和理论家有更灵活的方式来让消费者进行超出“需要”的消费，他们告诉你吃什么、穿什么、买什么样的车子、什么样子的房子，精心放大各种商品之间的差别，通过“差别化销售”来满足各式人群的需求，也满足了人们对于“独特”的心理需求。如果将更好更精细的消费作为当下人生观来宣扬，很可能商人最终成为话语权的垄断者，难怪鲍德里亚（Baudrillard，1970）曾有过这样的表述：19 世纪驯化出工人，20 世纪驯化出消费者。

很多学者对现代“消费主义”的特征和现象有过比较详尽的描述，笔者在这里简要概括前人的成果，列出较为明显以及对当下文明转型具有重大反思作用的几个重要特征。

第一，设计和广告在商品价值中的比重越来越大。这一点我们没有直观的数据来考察，但是从三星和苹果就其外观设计专利纠纷可见一斑。2012 年 8 月 24 日，美国法院判决三星侵权，赔偿苹果公司 10.5 亿美元，双方在纠纷中争议最大的一点是关于赔偿数额的问题，这也关系到当下社会对于商品的外观设计在总体价值中究竟占多大比重的判断。关于广告投入，曾有世界 500 强公司广告投入占销售收入 5% 的说法，但有些风投认为这个比例是在品牌效应已经很明显之后的稳定比例，在企业上升期这个比例要高得多。不同类型的企业在不同发展时期的投入是不一样的，对于需要打造品牌的企业，投入在 15% ~35% 之间，对于平台型企业，这个比例将会更高，在 20% ~55% 之间。

第二，借贷消费，包括分期付款，信用卡消费兴起。在消费主义的影响下，嗅觉灵敏的商业银行以及从事金融服务业务的公司迅速推出信

① Ewen，Stuart. Captain of Consciousness：Advertising and the Social Roots of the Consumer Cutture. McGraw – Hill，1976.

用卡、分期付款等消费工具，通过此类消费工具，人们可以根据自己未来的收入进行消费，预支未来的收入以满足当下的消费需求，这种消费方式在大学生中广为流行。2013 年，中国第一家大学生分期购物平台成立，迎合了许多有购买需求但是自身经济情况不好的大学生，成功解决了有需要但是经济能力不够的问题，在之后短短的两年内，全国陆续出现了 30 多家大学生分期购物平台，促进大学生消费。

第三，出现了与消费关联的心理疾病，特别是上瘾症，比如购物癖、收藏癖，购物焦虑症等。我们总是听说游戏会上瘾，但是随着电子商务平台的兴起，网购也会上瘾，成为新的上瘾焦点。每年年底，支付宝会公布全民对账单，许多网友看到对账单后的感想是“网购穷三代，淘宝毁一生”，表示“急需剁手”“心疼”，但是真正“剁手”谈何容易？据互联网信息中心发布的《中国互联网络发展状况统计报告》，截至 2020 年 3 月，我国网民达到 9.04 亿，手机网民规模达 8.97 亿，互联网普及率为 64.5%。随着互联网应用的普及，各种购物平台迅速崛起，人们的网络消费途径越来越丰富，尤其是在淘宝“双十一”期间，几乎所有的女大学生都会参与购买活动。

第四，市场化继续拓展，购物方式增加，形式多元化。消费主义兴起之后，许多之前回报率低的行业也出现了商机，很多曾经是国家提供的服务也在不同程度上转移给市场，比如住房、教育等。同时购物场所增加，大型的购物中心几乎占据了中国城市的中心，人们的购物方式也从单一的商店购物发展出了网络购物、自动售货机购物等，目前，网络购物是除了超市购物之外应用最普遍的一种购物方式。

第五，消费的门槛降低。奢侈品、高端电子产品、高档智能家居等消费品过去一度是富人的专利，现如今已经走向大众化，普及到千家万户。所以才有人感慨：前工业社会是手艺的社会，后工业社会是机器的社会。20 世纪末，笔记本电脑在我国消费品中还被认为是奢侈品，价格昂贵，随着技术水平的提高，现在笔记本电脑已经走进千家万户，每个大学生几乎都有笔记本电脑。中国 4G 网络始建于 2012 年，当时资费贵得惊人，2014 年，4G 资费套餐就下降了一半，更加平民化和大众化，如今有些地方的 5G 资费也降到了百元以下。

第六，虚拟消费兴起。虚拟消费主要是指网络等虚拟环境下的消费行为，比如金融机构提供的金融媒介服务、保险公司提供的保险服务、游戏充值或者购买虚拟会员等。这种消费在视觉上是真实的，但实际上是不真实的，是在营造的一定消费环境中实现的虚拟的非现实消费。如在游戏中，玩家通过积累“能量”可以成功地改变自己在虚拟世界的生活，成了大富翁，具有了炫耀的资本，获得了夸示性消费的满足感和虚荣心。

6.1.3 “黑色文明”造成的恶果

“黑色文明”带给人类的进步是不容否认的，它使人类的生产总量实现了质的跨越，其历史功绩是不可抹杀的，不过我们不能选择性地忽视工业经济给自然和人类自身带来的破坏。

1. 集体的消费不理性

2017年诺贝尔经济学奖得主理查德·塞勒的标志性研究成果就是有限理性行为对金融市场的影响。主流经济学家的研究往往在理性“经济人”假设下进行，但人们在现实中进行决策往往会受到各种因素的干扰而做出非理性的决策，用传统经济学理论衡量个体消费行为引致的集体性结果可能会出现较大的偏差。

集体的消费不理性是社会倡导“消费主义”的最直接的后果，如果社会营造了一种整体的消费氛围，民众对自己的经济实力和社会经济状况都很难做出正确的判断。

在集体消费行动的影响下，个体的消费不理性造成了大量的浪费，人们因为价格便宜购买了许多物品，但等物品寄回家就闲置了，可能是因为质量达不到消费者的要求，也可能是根本用不到；除此之外，在“旧的不去新的不来”的口号下，依旧很好用的旧物品被白白地浪费了。

在美国，每年的感恩节过后的第一个星期五被称为“黑色星期五”。在“黑色星期五”这一天，大型超市总是会打折促销，用超低的折扣刺激消费者的购物欲望。每年的这一天都会出现同样的场景：消费者在寒夜里排起长队，等着超市大门打开的一瞬间蜂拥而入，疯狂抢购。

这是典型的消费主义时代消费狂欢的场面，在这场消费活动中，每一个消费者都热血沸腾，在购物的氛围里，他们丧失了理智，也忘记了自身的经济承受能力，一味将身心投入到购物的快感之中，甚至很多消费者认为消费不是在花钱而是在赚便宜。

2. 收入水平严重分化

工业革命后，人类的生产能力大大提高，而社会的贫富差距却越来越大，从而产生了一系列社会问题，社会矛盾也变得复杂，高收入阶层占据了大量财富，攀比性消费盛行；穷人们生存都显得困难，进行了大量的“掠夺性消费”。

工业经济催生出富人阶层，他们在满足了基本需要之后变得茫然。具备一定经济学常识的人都知道，金钱给人带来的边际效用是递减的，毕竟人的肠胃是有限的，你需要一斤酒肉就可以饱腹的时候，吃下一百斤带来的开心绝不是一斤酒肉的一百倍，但是除了吃和性，究竟什么才是人生存的本来意义与追求呢？凯恩斯曾经将富裕阶层的所作所为看成是对人生意义的探索，并同时评价道，他们中的绝大多数已经遭到了惨痛的失败，走向了“集体的迷茫”。

如何处置超出温饱水平的大量财富，成了一个哲学问题。其中一种解决方案便是进行奢侈品消费和攀比消费，简单来说，就是买超出自己需求的商品以及更新换代较快的产品，比如数码商品、当季服装等。事情远没有这样简单，我们在解释消费主义的时候曾经讲过，当小群体出现了独立的意识，就会主动通过一些物质或行为使自己区分于其他群体，这样才出现了因炫耀而产生的阶级特征，并且“区分性”的力量也远比我们想象得要强。以英国皇室为例，英国皇室的作用是作为国家的象征，以及为国民树立榜样，英国国民为了这一榜样的树立所上交的“税”可不少：2015年《星期日泰晤士报》的富豪榜称女王财富估计有3.4亿英镑。另外一种解决方案是开发精神境界，这看起来是一个十分先进可行的方案。孔子曾说过：“兴于诗，立于礼，成于乐。”[①] 我们最先提出了实现人的进化的方案：造就君子，成为高尚的人。而西方现代审美教育则是两千多年以后由西方哲人席勒在《美育书简》中提出的。但很明显，工业革命以后消费的浪潮差点冲垮了这种文明进化的根基，

① 孔子：《论语·泰伯》。

人们在工业疯狂的“复制模式”中迷失了，重新回到了选择道路的迷茫之中。

工业经济中催生的穷人阶层看起来反而比农业经济中的穷人阶层生活更艰难。为了生存的需要，这些贫穷的人们选择了通过向大自然索取来争取自己的生存权利，进行掠夺性消费。另外，工业经济带来的庞大的生产与生活资料没有分配到这部分人手中，工业经济带来的污染与损耗却因外部性而由人类共同承担，人与人之间的不平等被进一步放大。发展中国家通过出口木材、贵金属、铁矿石等资源来获得短期经济增长，任意开采与砍伐，造成土地沙漠化、资源流失等问题。为了发展制造业，它们鼓励建厂，高耸的烟囱、刺鼻的废水、成堆的垃圾随处可见，他们甚至破坏耕地，毁林造厂，只为了经济发展。部分发展中国家通过对大自然的掠夺取得一定收入，但是他们同样也承担了掠夺的后果：草场消失，粮食产量降低甚至土地沙化，无法种植粮食。短期内，我们可能无法衡量到底是人们对大自然剥削时获得的收入多还是剥削过后受大自然影响损失的收入多，但是从长期来看，人们必然会受到大自然的报复，沙化的土地或许几十年也无法再耕种。一部分发展中国家就是挣扎在这种“破坏自然—取得收入—自然报复—损失收入”的恶性循环中。

3. 生态系统破坏

生物多样性受到威胁，生态灾害频繁发生，生态压力急剧上升。生物多样性是一个生态学术语，有狭义和广义之分，狭义的生物多样性指生命形态的多样性，广义的多样性则包括遗传的多样性、物种多样性和生态系统的多样性。生物多样性破坏第一次与人类相关始于致命的洪水迫使人类迁徙。人类进行大规模种族迁徙的同时期，往往伴随着大规模的物种灭亡。4 万多年前人类的足迹第一次出现在大洋洲时，紧接着的是当时 98% 体重在 50 公斤以上的动物灭亡，人类首次作为到访者将“原住民”赶尽杀绝，之后这种事件随着人类活动范围的扩展频频发生。有些学者曾将物种的灭亡归咎于气候变暖等原因，这用来解释生物突然的大规模灭绝稍显牵强。人类对生物多样性造成第二次毁灭性伤害就发生在工业革命之后，机器的发明大大提高了人类的生产力，也加快了对自然的掠夺，对土地资源的需求成倍增长，巨大的生产力足以养活更多的人口，因此也要求更多生活和生产的空间。更可怕的是人们对于“独占性”的需求，人类致力于赶走一切出现在自己领域内与自己无关的生物，拔走杂草甚至清理掉所有的植物用水泥路面代替，驱赶各种昆虫与动物，生物的生存空间一步步被挤压。除了直接的驱赶，人类的活动对自然界的破坏、“黑色文明”对生态系统的威胁，也最终影响到生物的生存。

如果说生物的灭绝离人类的切身利益还有一定距离，那么人类活动造成生态系统发生巨变，以致生态灾害频繁发生看起来与人类关系更近了些，其中备受关注的就是气候变暖对台风的影响。随着全球气候变暖，海水温度升高，台风强度也随之增强，台风和洪水严重威胁着人们的财产和生命安全。在科学领域要得到台风与人类活动的确切关系是很难的，加之牵扯到各个利益集团，使得修正“黑色文明”的路更加艰难。

“黑色文明”造成的最大最长久的危害，就是对环境的污染和对生态的破坏。经济发展与生态保护的矛盾已经成为全球亟待解决的难题，也是决定人类未来的矛盾。道理是浅显易懂的，经济发展或者集团的利益一定是建立在人类生存的基础上，当我们失去了清洁的空气、水源以及富有生机的土地、安全的食品之后，人类的发展就无从谈起，那时候科技的进步将没有一点用武之地。

近年来，生态环境问题已经成为一个热门话题。上到国家，下到民众，所有人都非常关心我们生活的环境。改革开放以来，中国大力发展生产力，却在一定程度上忽视了生态保护、资源节约。城市化进程的加快，标志着人民文明进步，但是在城市的角落边缘，生态资源问题随处可见，必须引起全社会的关注。

一是土地污染。根据中华人民共和国生态环境部发布的《2019中国生态环境状况公报》，截至2019年底，我国耕地平均等级为4.76等。其中，评价为一至三等的耕地面积为6.32亿亩，占耕地总面积的31.24%；评价为四至六等的耕地面积为9.47亿亩，占耕地总面积的46.81%；评价为七至十等的耕地面积为4.44亿亩，占耕地总面积的21.95%。从耕地等级划分来看，我国土地污染较为严重，耕地质量较差。

二是水污染。作为一个人口大国，我国人均水源占有量不足世界平均水平的1/3，而水污染进一步加剧了这一问题。水污染主要来源于家庭污水和工业废水。据统计，2019年全国废水排放总量达699.7亿吨，其中生活污水占七成，此外，工业废水和农业污水也是水污染的主要来源。我国水质级别主要分为五类，一到三类简单处理以后就可以饮用，四类和五类是不能饮用的。根据《2019中国生态环境状况公报》，在1940个国家地表水考核断面中，水质优良（Ⅰ~Ⅲ类）断面比例为74.9%，劣Ⅴ类断面比例为3.4%。主要污染指标为化学需氧量、总磷和高锰酸盐指数。

三是空气污染。近年来，PM2.5成为一个网络热词。全球卫星数据显示，2001年中国空气质量就开始变坏，而且逐年加剧，但那时人们都没有意识到这个问题。当人们熟悉雾霾这个词的时候，雾霾天气已经笼罩了中国大部分地区，全国多个城市PM2.5严重超标，特别是冬天，空气质量更差。《2019中国生态环境状况公报》显示，在全国338个地级以上城市中，有265个城市空气质量超标，占78.4%；在对480个城市（区、县）开展的降水监测中，酸雨城市比例为22.5%，类型总体仍为硫酸型，污染主要分布在长江以南—云贵高原以东地区。空气污染不仅仅发生在城市中，农村的空气污染也特别严重。农村由于垃圾处理体系不完善，随处燃烧垃圾和秸秆，对空气产生了严重的影响。

6.2 绿色经济中的生态文明

6.2.1 生态文明研究的意义

党的十九大报告中出现了89次关于“生态”的表达和论述，明确提出要牢固树立社会主义生态文明观，这是习近平总书记一贯的要求与主张，也是我们必须坚持不懈努力的方向，习总书记的报告将激励我们推进生态文明的研究与实践，为“绿水青山”贡献自己的一分力量。

几个世纪以来，人类在发展经济的过程中破坏了人与生态的依存关系，反过来，人类经济及社会的发展也受到限制。为解决这个问题，人们曾经提出过许多解决方案，可大致概括为三种：

第一，霍金式移民方案。霍金认为人的本性中含有“自私、贪婪”的基因，不会改变不停地向自然索取的行为，当超出地球承载力的时候，人类只能寻找“诺亚方舟”将自己载向外太空。这是一种“人类大逃亡”的路径，虽然未来科技可能造出“诺亚方舟”帮助我们飞到新的星球上，但如果“自私、贪婪”的本性无法改变，结局只能是一次又一次的恶性循环，悲剧在一个又一个星球重演。很明显，这个方案是虚幻的。

第二，阮籍式“穷途知返”方案。这是一种田园式的解决方案，放弃经济增长的机会，重新回归没有各种污染、由自然选择人口数量的状态。近些年，很多国家中环保阵营的力量越来越强大，也不乏极左派提出以破坏生产力为代价的环境保护措施。正如卢梭提到的：“远离工业社会，重新回归自然状态是不可能的。”现在，回归自然状态也并不一定会使土地、水源得以恢复，解决污染问题仍需要科技发展的助力，同时可能造成人们生活质量的下降。

第三，走出新的文明之路，迎接绿色文明的到来。我们倾向于选择这条路径，走一条缓和的“回归”之路。

绿色运动起源于 20 世纪 60 年代西方发达国家，由于人类命运的关联性，后来迅速扩展为全球性的运动。这股势不可当的绿色浪潮，成为一些理论家研究的课题，逐渐演化成研究的热点和学界的时尚，受到主流经济学家的青睐，再逐渐成为政策制定必须参考的因素，演化为“绿色文明”的一部分。生态文明的发展对人类和地球至关重要，也是中国经济转型与国家发展的要求，具有重要的意义。

发展“绿色文明”是新时代背景下面对新矛盾需要着力解决的问题。党的十九大提出：“我国社会主要矛盾已经转化为人民日益增长的美好生活需要和不平衡不充分的发展之间的矛盾。”① 实现“绿水青山”，建设美好的家园正是人民群众日益增长的美好生活需要。为了实现这一美好愿望，必须紧紧抓住“十四五”规划这一战略机遇期。这一阶段是我们又一个“黄金时期”，同时改革进入了深水区，是一个矛盾凸显的时期，特别是前几十年的迅速发展造成的人口、污染、资源等问题会更加凸显。因此，我们要以习近平新时代中国特色社会主义思想

① 习近平：《决胜全面建成小康社会　夺取新时代中国特色社会主义伟大胜利——在中国共产党第十九次全国代表大会上的报告》，2017 年 10 月 18 日。

为指导，大力建设生态文明。

发展“绿色文明”也是克服贸易壁垒的需要。国际贸易中，由于国家战略的需要，可持续发展在国家政策制定中地位不断提高，人们的环保意识逐渐增强，“绿色壁垒”问题日趋严重，加上发达国家在国际贸易政策制定中的主导地位，发展中国家产品的国际竞争力不高，国际贸易环境恶劣。我国在国际贸易中也遇到了各种障碍。我国主要的贸易对象是欧盟、美国、日本、韩国等发达国家，一些出口产品由于不符合进口国制定的环保标准遭受了巨大损失，面临着严重贸易困境。在未来很长一段时间内“绿色壁垒”可能仍然是我们较难突破的壁垒。新时代下加快构建生态文明，有利于推进我国克服这一壁垒。

“绿色文明”更是克服资源危机的需要。从全球角度看，很多工业化发展成熟的国家已经意识到了生态危机现状及其严重性，提出了具体的应对方案和发展模式。我们十分有必要提高对绿色产业的重视度，对绿色经济进行大规模投入和研发。我国的生态经济研究起步较晚，且发展水平相比国外仍有一定差距，面对严峻的局势，如何建立具有中国特色的生态理论与实践，对中国是一个挑战，也是实现新阶段发展的重要机遇。

“绿色文明”又是实现“新型城镇化”的必然要求。农业一直是国家的基础产业，如何在对农村和城镇进行改造的过程中将农业发展与绿色经济联系起来，是我们以后要研究的重点问题。事实上，阮籍式“穷途知返”的方法最初就是思考农业生态问题时的一剂药方。对于农业来说，在大量使用化学肥料和农药之前，传统的农业经济确实是循环经济，甚至当前许多生态农业都要从古代农书中寻根溯源。如当前长三角和珠三角的“鱼米之乡”就离不开明代李诩在《戒庵老人漫笔》中描述的“桑基鱼塘”的启发。

土地污染并不是中国独有的生态问题，发达国家的农业现代化、机械化也并没有从根本上解决土地的污染和破坏问题，因此并不能说是成功的。土地是万物之母，《寂静的春天》中曾用大量的例子证明，土地的污染会逐渐传递并积累到生物体中，对整个生态圈造成不可逆转的危害。在农村走出一条可持续的生态之路，不仅对于我国粮食安全、农村发展具有重要的意义，也将会为世界土地治理贡献中国智慧。

总的来说，发展绿色经济，建设生态文明，是“十四五”建设的重要内容，是实现全面建成小康社会的要求，是关系到中华民族复兴和发展的大计，也是当下我国应对生态危机的必然选择。

6.2.2　生态文明的内涵

生态文明是人类文明发展的阶段，因此要充分理解生态文明的内涵既要考虑到生态文明是一个相对稳定的文明形态，又要考虑到文明发展到生态文明的演变过程。王玉玲曾经给生态文明做过这样的概念界定："生态文明就是人类在改造自然以造福自身的过程中为实现人与自然直接的和谐共存所做的全部努力与取得的全部成果。"① 这种界定确定了人与生态的内在关系。自人类社会产生以来，这种内在关系在不停地发生变化，这种关系的变化包括人与人、人与社会、人与自身的关系的变化。

生态文明本身是一个结构复杂、内涵丰富的概念，要充分理解生态文明的内涵，首先要清晰生态文明的结构。生态文明包括生态意识、生态道德和生态文化三方面的深层架构，体现了生态文明的内在生命力和框架结构，可以作为区分于其他文明的根本性特征。生态文明的深层架构和外在表现相互作用，共同推动着生态文明向前发展。

首先是生态意识。生态意识简单来说就是人类对人与自然关系的感性反思与理性思考。首先将其分为生态忧患意识、生态责任意识与生态科学认识。生态忧患意识强调一种文化自觉，是我国优秀传统文化在当代的延续。《左传》曰："居安思危，思则有备，有备无患。"② 在新时代下，忧患意识需要加入更多的理性因子，生态忧患意识需要通过理性思维反复反思以总结经验，既要回顾以往人类种种行为的不可取之处，更要预见潜伏的危机，体现了一种强烈的改造世界的能动性。

其次是生态道德。道德的一种概念是指社会调整人们之间及人类和社会之间关系的行为规范的总和，是判断人的行为是否正当的一种标准；生态道德就是把这种人与人之间、人与社会之间的关系的规范范围扩大，扩展到对人与自然关系的规范，用道德规范来调整人与自然之间

---

① 王玉玲：《生态文明的背景、内涵及实现途径》，载于《经济与社会发展》2008年第9期，第36~39页。

② 左丘明：《左传·襄公十一年》。

的关系。我国林业局曾发出《关于加强未成年人生态道德教育的实施意见》，说明我国已经充分认识到培养公民生态道德的重要性，这有利于汇集大众的力量，在全社会形成一种合力。

最后是生态文化。人创造了文化，文化反映了人的本质，引导着人的发展，不同的文化将会引导人们走上不同的道路。在中华民族文化中植入生态因素，意味着人与自然相处的新的阶段。我们要始终意识到文化是一个整体的体系，生态文化既是中华民族文化中的一部分，要充分融入民族血液才能更好地发挥作用，也要构建起生态文化自身的体系，建立以绿色价值观为指导的包括政治思想、艺术及哲学等意识形态的观念体系。

6.2.3 生态文明的基本特征

1. 反思性与实践性的统一

生态文明的建立离不开人类在生存发展中的实践，人类在反思中发现了生态破坏的危害以及对人类自身生存造成的威胁。人与自然的关系贯穿了人类实践活动的整个过程，人的生存发展离不开与生态环境的接触，人类的实践离不开生态系统的制约。另外，生态文明是反思性的，人的认识是螺旋上升的过程，必须经过反复反思才能获得对生态文明的正确认识。

2. 规律性与创造性的统一

生态文明建设是对以往人类实践获得的规律的总结，人类的认识是否可以穷尽暂且不论，但自然的运动变化一定是有规律可循的，人类只有在尊重自然的基础上适应自然，充分发挥自己的创造性和主动性，才能改造自然，使自然更适合人类的发展。如果未遵循自然规律，只关注自己的利益，企图“竭泽而渔”，人类必定会为此付出沉重的代价。在当前时代，生态危机弊端已经显现，即使我们保持现在步调也不一定能避免生态危机的恶化，对人类的生存产生威胁，这个时候，更需要发挥人的主观能动性和创造性，齐心协力重铸绿色家园。

3. 持续性和反复性的统一

生态文明的演进是持续性的，是人类对自然认识的不断积累，是在人类实践不断发展中建立起来的，是一个集合生物学、物理学、社会学、经济学等知识于一体的文明体系。这一文明又在人类实践与认识中出现反复，在一些阶段出现大幅度的退步。比如，特朗普上任后不顾民众反对，退出《巴黎协定》，将会对全球生态文明的建立造成较大的打击。

6.3　经济增长方式转变与消费文明转型

我们已经了解到，当前的消费陷入了一种困局，不仅仅是由于生产推动着人们进行过度消费，由于收入差距扩大导致的消费不公现象也十分严重，如何实现从过度消费回归到适度消费，从消费不公回归到消费正义，摆脱消费奴役的束缚，实现消费解放，解决这些问题需要实现从黑色消费到绿色简约消费的转变。

6.3.1　生态文明必将取代工业文明

一般认为，工业文明有两大“利器”：科技革命与市场经济。科技革命使人类的生产力出现了飞跃，市场经济使现有生产力发挥出最大潜力，至少是在效率方面、在制度上达到了极致，这两大“利器”可以说是从根本上改变了人的生活方式，但也导致了远超于人基本需求的生产和消费，甚至是无节制的生产与消费，也是人对自然的索取失控，达到了无节制的状态，甚至几乎到了生态的极限。一系列生态危机表明，人类不能再无节制地发展工业，任由生态逐渐逼近极限。2012 年全球使用的资源已经超过可供给的一半以上，如果这种趋势不加以扭转，50% 这个数字会以更快的速度增加，资源在未来可能存在被耗尽的危险。这种透支可能会对生态圈、地球环境逐渐加压。

当前，世界上还有很多发展中国家，这些国家需要通过工业化来改善国民生活质量，但是我们已经听到了生态敲响的警钟。这说明以往发达国家走出的工业化道路是有偏误的，是不可持续的。倘若沿着老路走下去，地球可能根本无力承担更多国家的工业化，国民生活质量的提高也就无从谈起。在这种背景下，探索出可持续的工业化模式显得更为必要和迫切，要在实现更多国家工业化的同时，实现人类的永续发展，人类就需要开创新的文明，前人的实践显示出绿色文明对于生态恢复和经济增长都具有促进作用，按照自然逻辑来看，这种文明也只可能是绿色文明。

6.3.2 “循环经济”取代“线性经济”

《第四次浪潮：绿色文明》的作者卢俊卿曾做出这样的判断：前三次浪潮由技术推动，生态文明浪潮是模式推动的。人类进入工业化社会以来，技术的发展处在极为重要的地位，一般来讲，有三种不同的技术范式：

第一种是传统的线性发展范式，也就是单线开放模式，其基本流程是“资源—产品—污染排放”，基本特征是从外界获取资源，在人类社会进行生产和消费，将废弃物向外界排放。现在的发达国家在工业化早期走的基本都是这种路径，经验也已经证明，这种方式对自然环境造成了极大破坏，严重影响人类生存的可持续性。

毫无疑问，现在如果仍要通过这种方式发展经济，无异于饮鸩止渴，况且，现在的地球承载力已经无法支撑这种发展模式。

第二种是对污染物进行末端治理再排放的模式。这种模式在发达国家工业化进程中较常使用，我国在一段时间也采用过这种发展模式。在生产和消费的末端对污染物进行治理说明，人们已经意识到之前的发展模式不可持续，治理是走向生态文明的起步。但是，治理成本往往较高，导致这种模式的经济成本过高，同时该模式严重依赖科技的进步，只能对当下污染中的一部分进行处理，很多的环境问题并不能通过这种模式真正得到解决。

第三种是新型的循环经济发展范式。这种模式强调从源头到排放都要注重预防污染物产生，主要流程有：迫使生产者主动减少资源消耗，比如通过外部成本内部化等方式；注重清洁生产减少排放，该步骤十分需要政府的基础建设；对生产和消费中的废弃物再资源化；对不能再资源化的废弃物进行无害处理后再返还自然界。循环经济可以看作是对以往经验反思后创新出的模式，在实现人类自身发展的基础上，达到对自然最小的索取和对自然最小的影响。

循环经济的经济特征是实现环境要素的经济化，需要从经济理论上找到可行的路径，循环经济的正常运行需要制度创新、技术创新和伦理与文化发展。

对比三种模式，我们可以轻易地发现，循环模式最符合当前全球发展的现状，也是最负责任、最理性的发展方式。除了发展循环经济的必要性，当前科技发展已经能支撑起“循环经济”的发展。只有通过循环经济实现污染最小化，才能同时实现经济增长、社会稳定、生态文明的统一。

产业结构特别是主导产业的转型升级最直接地反映出经济模式的变化。大家普遍达成共识的是：农业文明下人类社会以农业为主导产业，工业文明下人类社会以工业为主导产业。由于生态文明的主导产业众说纷纭，于是就有学者否认生态文明是人类社会发展的必然趋势。“生态文明的主导产业是什么?”一直是亟待解决又面临争议的问题。笔者认为，生态文明的主导产业就是循环经济，生态文明要求满足人们对清洁环境、气候和健康生活方式的非物质文化需求。首先应该看到的是实现生态文明阶段经济发展与生态保护在一定程度上还存在矛盾性，其资源的优化配置仍需要市场机制发挥作用，但是毫无疑问，市场经济的应用范围和作用将会逐渐萎缩，其重要性远不如工业文明前期。主要原因有三：一是生态文明时期人类的需求从物质需求更多地转向了精神上的需要。精神产品虽然属于必需而非多余的“需求”，但是许多精神产品属于社会活动领域，不完全属于经济活动领域，在经济领域中的诸多精神产品也与物质产品有很大不同，其中最大的不同就是精神产品的弹性比物质产品要大得多。如果放任生态文明阶段市场经济发展，可能会挤压精神产品的发展空间，适用效率也会有很大的限制。二是由于自然资源大多具有外部性，市场经济的适用必须有明确的产权界定，当前还没有十分行之有效的方法来界定产权，因此自然资源和环境领域极容易出现市场失灵的现象，比如公地悲剧的发生，需要政府或第三方来干预市场。因此，在没有明确的方式界定产权的背景下，生态文明发挥作用可能会伴随着市场经济作用的削弱。三是市场经济对消费的过度重视极容易引发无节制的生产和消费，无节制的生产与消费恰好是生态文明反对的，市场经济与生态文明在发展中可能出现的观念上的矛盾可能需要进一步的磨合才能融合。总之，在新的文明理念下，我们在经济发展方式，人的观念，人与人、社会、自然的关系，人类经济、社会、政治生活的性质等方面都面临着一系列的变革，面对当前最紧迫的问题，只有“因地制宜、因时制宜”，才能实现更加可持续的增长。

6.3.3 文明的转变

经济基础决定上层建筑，由“线性经济”向“循环经济”的转换，会在更深层次上对社会文明产生更深层次的影响，具体来讲就是中国当前向生态文明的转型。文明转型的方向主要有以下几个方面：

1. 从过度消费中发展出适度消费理念

过度消费是人的精神文明发展落后于物质资料发展的产物，资本的滚动催化了这种现象。此前我们已经分析过，过度消费是消费主义盛行的一个重要表现，过度消费看起来仅仅是经济繁荣的一个表现，但暗含着过度的资源消耗以及人的精神的部分缺失。

物质状态与精神状态虽然有很大的关系，但是也具有各自的独立性，单纯地追求财富增加是一种社会的退步，不利于社会的发展与个人的发展。我国社会的主要矛盾已然发生了转变，人与自然的协调发展要求黑色文明向生态文明转型。

2. 从个体消费中发展出集体消费理念

在现代工业社会中，个人消费与集体消费的区分主要用在城市社会学、公共经济学以及消费社会学等领域。一般认为，依赖个人的经济能力满足的需求属于个人消费，依赖社会保障和社会服务满足的需求属于集体消费。赵卫华（2014）曾用个体消费和集体消费的关系来表示四种民生建设模式（见图 6 - 1）。

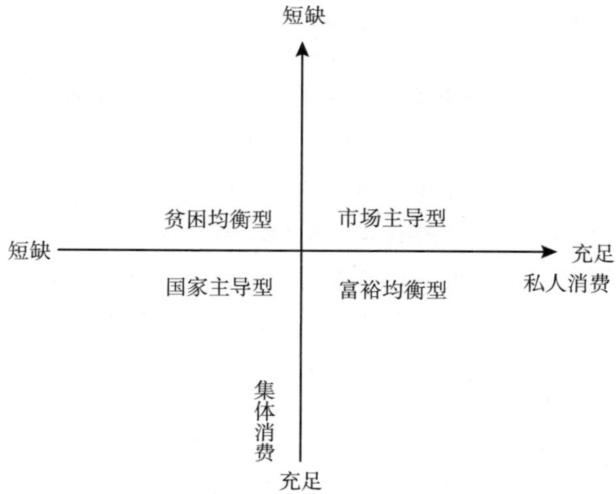

图6-1　用私人消费和集体消费比例表示民生模式类型

从生态文明的角度理解个人消费与集体消费的关系，要充分认识到个体消费与集体消费的关系。倡导集体消费并不是要将个人的需求与利益放在一边，而是统筹后实现"1+1>2"的效果。严格区分出个人消费的区域可能会导致某些行业资源的极大浪费，以及个人消费的过度。党的十九大报告中将"幼有所育""弱有所扶"加入"学有所教、劳有所得、病有所医、老有所养、住有所居"中，是针对民生保障发展的不平衡不充分提出的集体消费理念的进一步发展，基本上覆盖了人的生命周期的全过程。在下一个阶段，我们既要迎接国家回归集体消费品的供给时代，也应该深入研究集体消费的效率和模式的转变与创新，充分吸取历史经验。

3. 从消费不公中发展出消费正义理念

分配与消费是社会经济活动中的重要方面，也是现实生活中经济与社会发展需要面对的重要问题。马克思认为社会的生产活动分为四个环节：生产、分配、交换和消费。四个环节的统一与有机结合实现了社会经济的平稳运行。因此消费的不公不利于经济的平稳运行及社会的稳定发展。

消费不公主要体现为不同群体的收入差距，即穷人和富人的矛盾，是"国富"与"民富"在某些阶段的矛盾。

不同社会群体的收入差距是需要关注的重中之重，它关系到国民的幸福感与经济社会的稳定性与潜力。收入差距扩大的危害主要有以下三点：一是从经济上来看，贫富差距造成社会购买力不足。当下已经显现的最大的危害是贫富差距导致了社会整体购买力不足。由于个人消费存在边际递减倾向，富裕人群增加一单位财富用于消费的比例远低于普通人群，最后出现一边有消费需求但没钱，生活水平低，一边有钱但不想买的不均匀现象，在市场中表现为生产过剩。二是从社会角度看，贫富差距会造成社会的不稳定。心理学认为，人总是有自我防御机制，当始终在贫困中生活，有心却无力跨越阶层时，反思“是因为我不努力”不如相信“是因为富人把钱抢走了”，“是富人的孩子抢走了我们的未来”，经济上的问题最终都会延伸到社会领域，一旦贫富差距扩展成为社会各领域的不公，贫富差距就会成为影响社会稳定的隐形炸弹。三是从人的全面发展角度看，贫富差距的扩大无疑对个人的全面发展是重大的打击。当下网络上有很多调侃或者自嘲的话，最集中反映了社会价值观的变化，不知何时，“穷”已经成为苦笑自嘲又无可奈何的事实了，富人的一件奢侈品体现的是一种时尚的态度，几十万元的价格是穷人几年的总收入，甚至发展空间也被挤压，反映到社会层面上都是不稳定因素。《论语·季氏》第十六篇提到“不患寡而患不均”，反映了一种对贫富差距的态度，贫富差距的拉大对穷人心理上造成的伤害可能比对身体上的伤害更甚，在当下社会这个问题可能更为突出。

4. 从消费奴役中发展出消费解放理念

不论是过度消费、个体消费或者消费不公，反映的都是一种不正常的消费状态，不论是由于资本推动还是舆论引导，可以明确的是，大众消费走向了错误的方向，重新回到了“物”控制“人”的时代。财富作为“二级能源”，看似可以转化为任何东西，使人产生了盲目的崇拜，将生活的中心放在了“钱”上，这就是俗话说的“钱能壮人胆”。细究这句谚语，我们可以得到一句更直观的表述：不是钱能壮人胆，是能转化为钱的各种能力才是人的胆。古代说书人向来有多少钱花多少钱，是因为他知道花完了钱摆个摊儿动动嘴又可以来钱换酒喝，才气是他的胆，这种观念就有些接近消费解放的理念了，仅仅拘泥于“钱”是不可能实现真正人的解放的，只有重新将重心放回到人的发展中来才能实现真正的消费解放。

6.4　从消费异化回归消费本质

“异化”一词最早出现在卢梭的著作中，是指“事物在发展过程中产生了自己的对立面并逐渐过渡为自己的对立面”[①]，马克思继承了前人的哲学思想，在《1844年经济学哲学手稿》中系统提出了异化劳动的概念，使“异化”正式出现在政治经济学的领域中。马克思指出，在资本主义背景下，社会生产活动不再是发展人的活动，而是压抑人性的活动，劳动不再是人的一项自由的活动，相反，人们在劳动中感到压抑与不自在[②]。

在马克思异化劳动理论基础上，新马克思主义学者对异化理论进行了进一步发展，从不同角度阐述了消费异化的特征。如威廉·莱斯认为，消费异化的产生在于人类控制自然的意识形态，是一种“上帝视角”的优越感。本·阿格尔认为，消费异化就是劳动异化的延伸与变形。弗洛姆从“虚假需求”角度批判消费异化，认为人们在幻想中需要消费才会购买更多的东西，进而激发出更多的消费。

6.4.1　异化的表现

西方学者批判消费异化主要从当时的一些消费陋习入手，如炫耀消费、奢侈消费、盲目消费等现象。随着人们生活水平的提高，我国在不同程度上也出现了类似的问题。这些问题由于中国的文化特点又有一些不同的表现，比如，攀比消费更多表现为面子消费、人情消费，符号消费更多表现为时尚消费，也存在着夸张符号消费、盲目追随时尚以及一次性浪费消费等。这些消费形式都不是从自身需要出发，但却在一定程度上源于中国的一些文化背景，反映了当前人们的一些心理动态。

中国传统中一直有一种“面子”文化，“面子”就是荣誉、光荣，

---

① 卢梭：《论人与人之间不平等的起因和基础》，李平沤译，商务印书馆2010年版，第34～35页。

② 马克思：《1844年经济学哲学手稿》，人民出版社2002年版。

说小了是自己的自尊心，说大了就是家族的荣誉、民族的自尊。罗莹（2015）认为儒家文化是“面子”文化的起源，如家文化勾勒出的等级观念使得不同的“面子”形象背后代表了不同大小的资源，所以自古以来中国人表现得格外爱惜面子，甚至从一种交际礼仪逐渐发展成了一种社会秩序，具有了强制的约束力，在朋友面前要“给面子”，在长辈面前端庄有礼。根本上，还是个人在社会中获取资源的方式，或夸大或贬低，留下一个真实或虚假的特定形象，都是为了获得一种被尊重感，以及在获得尊重之后方便融入新的圈子。

“面子消费”最直接的表现就是礼尚往来。直到现代，我们仍然需要送礼来维持感情，为了表示更亲密与重视，就需要更高的交际成本。另外一种“面子消费”类似于攀比性消费，求新求异就是“面子”，这种“面子消费”比前一种更具弹性，更容易受媒体引导：今年说潮流在“东”，“东”就比“西”有面子；说潮流在“西”，“西”就比“东”有面子。当然，这是一种抽象的比喻，现实中往往是消费档次成为人身份的标志，物品成为评判个人价值的基础。

综上所述，我们可以看出，“面子消费”是一种典型的消费异化现象，用物品来标识一个人的价值无疑是方便但有失偏颇的，并且会造成超出个人需要的消费。

6.4.2 消费异化的回归

马克思指出：“物质生活的生产方式制约着整个社会生活、政治生活和精神生活过程。”① 可以预见，当生产力高度发达后，劳动真正成为人自我实现的手段，社会有充足的物质资料可以满足按需分配，消费异化一定会消失。但是在当前阶段，我们仍需要探索回归消费本质的路径，不能任由过度消费行为无限放大，影响人的发展和社会的稳定。

1. 提倡简约理念，推动绿色消费

应对消费异化，应该立足于当下，在习近平新时代中国特色社会主

① 马克思：《〈政治经济学批判〉导言》，人民出版社 1971 年版。

义思想的指导下，利用各种手段消除消费异化存在的条件，引导大众树立正确的消费理念。

提倡简约消费理念，倡导适度消费，坚持按需消费。人的满足感并不是随着消费数量的增加线性增长，获得尊重的根源也不在于“面子”，除了消费，闲暇的时间、工作中获得的成就感以及社会关系中获得的尊重能够获得更高的幸福感。社会应该引导人们树立自由的消费理念，建立消费者自我发展、自我实现的消费理念。

践行绿色消费，形成人们内心的自我规约。绿色消费理念起源于西方，经过多年的实践已经形成了理念与法规的融合，在很多执行严格的国家也开始出现人与生态和谐相处的迹象。我国应该充分借鉴国外优秀的实践经验，发展循环经济，避免二次污染，建立完善的绿色消费法律法规。

2. 减小收入差距，保障消费均衡

很多社会上畸形的社会现象究其根源都是经济上出了问题。通过刺激消费来保障国内经济的平稳发展，这是适应复杂的国内外环境的正确的政策主张，但是在这个过程中仍然有很多值得思考和商榷的问题，是不是所有的消费行为都要鼓励。那些异化了的消费本身就不值得提倡，如果再加以鼓励，会造成经济的虚假繁荣，对经济的持续性造成不利影响。

收入差距造成人的心理不平衡，从而加剧了攀比心理，长此以往则形成了一种错误的消费文化。消费文化的引导和回归，需要政府的助力，构建社会消费的良性结构，坚持以人为本，采取行之有效的方式促进各项产业均衡发展，满足居民各层面的需求，同时缩小收入差距，让人们在劳动中得到更多满足感、获得感。

3. 传媒应正确认识自己的作用，宣传绿色消费观

当今社会，各种媒体占据了人们的生活，每时每刻都在进行着宣传、营销，但大量广告占领了这些公共宣传领域，使得传媒对于引导价值观的作用逐渐削弱，重新发挥媒体在价值观引导中的作用，对于培育绿色简约消费理念至关重要。

首先，要加大监督力度。对媒体的监督既需要政府的作用，也需要社会群体、民众的参与，要检验广告的真实性，真切维护消费者权益，规范广告用语，树立简约消费的规范，同时广告也要注重环保，减少对日用必需品的过分宣传。其次，运用传媒加强绿色简约教育。传媒的宣传要做到充分提高消费素质，引领正确的消费理念，倡导可持续消费思想。

第 7 章　文明转型：绿色简约的消费文明

7.1　绿色简约消费的内涵

什么是绿色消费？什么是绿色简约消费？绿色简约消费由哪几部分内容构成？它与我们常说的绿色消费有哪些区别和联系？绿色简约消费的特征体现在哪几个方面？在论述绿色简约消费之前，我们先对绿色消费及简约消费进行简单的介绍。

7.1.1　绿色消费

党的十九大强调要加快生态文明体制改革，坚持人与自然和谐共生，建设美丽中国，而建设美丽中国的一个重要前提是提高全体社会成员绿色消费的主动性。

1. 绿色消费的研究现状

西方学者研究绿色消费已经有较长的历史，现已进入全面发展阶段，但众多学者对绿色消费的界定仍存在不同的见解。1988 年，英国学者艾尔金顿（Elkington）和黑尔斯（Hailes）在他们出版的著作中阐述了绿色消费的定义，他们认为绿色消费应该是排除下述两个方面的消费，即外在方面商品的消费和内在方面商品的消费。外在方面消费的商品会危害到消费者和其他人的健康，不利于其他国家特别是发展中国家的发展；内在方面消费的商品在生产、使用及丢弃时会消耗大量资源，过度包装、以稀有动物或自然资源为原料等都不利于国家的可持续发展。1993 年，英国另一学者在他的书中认为绿色消费是消费者在对一件商品做出购买或不购买的选择时考虑到了环境和社会的因素。1997 年，海斯卡宁（Heiskanen）和潘萨尔（Pantzar）在他们的书中将绿色消费定义为既要满足当代人的需要同时又不至于对子孙后代满足其需要产生不利影响的消费活动。

国内越来越重视绿色消费领域的研究，不同学者通过不同的视角对绿色消费的含义进行了阐述。在尹世杰（2001）的著作中可以看到绿色消费是人们对无污染、无公害、益于人健康的物质消费品的消费①；李文英等（2004）认为绿色消费是消费者站在个人、环境和社会三个角度，在消费时尽量减少资源浪费和环境污染的理性消费方式②；马瑞婧（2006）更多的是站在人与自然关系的角度，认为绿色消费实际上是人类为了保护自身生产的自然环境而进行的消费③；还有其他一些学者认为绿色消费包括任何有益于人的身体健康和环境保护的消费活动。

2. 绿色消费的定义

绿色消费是指人们所进行的在保障自身健康的同时不对生态环境造成危害的消费，它的本质是绿色、健康、环保。绿色消费对消费者的要求体现在消费前、中、后等各环节：消费前要求人们所消费的产品是健康的、没有被污染的；消费中要求消费者尽量减少污染物的制造；消费后要求对废弃物进行回收再利用。在以上这些环节加强对生态环境的保护，实现人与自然和谐共处。

7.1.2　绿色简约消费

绿色简约消费是对绿色消费理念的深化，绿色简约消费更加强调总体效益最大化，它并不是简单的物化。绿色简约消费比绿色消费包含的内容更多、外延更广，绿色简约消费是将绿色消费、可持续消费、生态

---

① 尹世杰：《关于绿色消费一些值得研究的问题》，载于《消费经济》2001 年第 6 期。

② 李文英、王国红等：《我国发展绿色消费的障碍及对策研究》，载于《辽宁师范大学学报》2004 年第 1 期。

③ 马瑞婧：《推行绿色消费的障碍及其对策》，载于《商业时代》2006 年第 4 期。

消费囊括在内的消费。

1. 绿色简约消费的内涵

绿色消费也称为可持续消费，就是资源节约、环境友好、保护生态的消费，是一种秉持理性、适度和文明理念的消费。要实现可持续性发展，就必须要求可持续性消费，可持续性发展的道路要由可持续性消费来支撑，可持续性消费是可持续发展的组成部分。简约消费又称简朴式、节约型消费，其逻辑出发点是如何用更有限的产品、更少的生态环境成本和代价，最大限度地满足更多人群的精准需要，简约消费通过强调“少而准”，实现消费者需要的适度满足。绿色简约消费崇尚自然是人的本性，特别强调个体消费的适度满足和人类消费的最大满足效应原则。消费活动应该根据人类自身的发展规律来进行，是满足人类物质生活的消费，如果违背这一属性而基于其他目的进行消费，那么消费就只是“符号”的作用了。人的发展，就是在满足物质需求之后不断追求精神需要，向更高层面的内涵方向发展。具体来说，人类的消费活动就是要实现人的全面发展、人与自然和谐发展、人与人和谐相处，以最小的代价换取最大的收益，在这种目的下，我们必须践行绿色简约消费。

本书以马克思辩证唯物主义为研究视域。绿色简约消费是指以全人类的整体利益为出发点、以人的需要和满足为落脚点的节约型理性消费。从绿色简约消费的内涵中可以归纳出其具有以下几个方面的本质特点：

首先，绿色简约消费是以人为本的个体需要和人类需要统一协调的消费模式。绿色简约消费强调生态、适度和节俭，但不代表要节制个体消费和降低个人消费欲望，它承认个体的消费必要，也认可消费对人类社会发展的积极意义，但不提倡个人无度浪费。绿色简约消费提倡个体在满足自身基本需要的前提下考虑消费对自然资源和生物的影响，它是从全人类的整体利益出发并致力于可持续发展和改善全人类的生活质量。

其次，绿色简约消费是一种节约型的理性消费方式。传统消费模式以个人需求为中心，不顾环境和资源的影响，绿色简约消费反对挥霍消费和过度消费，提倡在经济发展水平和资源环境承载能力范围内合理理性地进行物质消费。这一方面要求在生产领域通过产业转型和升级来实现生产与环境的互动，另一方面在生活领域扬弃奢侈性消费和无“需”而“求”的过度消费。

最后，绿色简约消费体现了一种公平消费观。公平消费既包括代内公平又包括代际公平。代内公平意味着同时期不同消费者个体的公平公正性，代际公平即当代人与后代人之间消费上的公平性，它要求个人在满足自身消费需求的同时，不对他人及后代人造成危害，把个人消费与他人消费结合起来，把当代人消费同后代人消费结合起来。

绿色简约消费回归了消费的本质，将消费的目的还原为满足人的生存、享受和发展的需要，消费行为与人的真实需要相结合，而不再是资本宰制人的工具，消解了使消费异化的决定性因素，这是对传统社会消费工具论和西方消费主义社会的批判和超越，体现出其深刻的批判性和建构性。

2. 绿色简约消费的内容

绿色简约消费的内容包括诸多方面，本部分主要是从生产性消费和生活性消费两方面加以阐述。

首先，生产性消费。对于生产性消费主要从生产者的角度进行阐述。党的十九大报告指出，“构建市场导向的绿色技术创新体系，发展绿色金融，壮大节能环保产业、清洁生产产业、清洁能源产业”。上述这些产业的发展很大程度上需要生产者的贯彻实施，因此生产者应转变生产发展方式，提升对资源节约和环境保护的关注程度。根据主体的不同，我们分别从企业员工及企业家两方面阐述在生产性消费层面如何实现绿色简约。

从企业员工方面看，员工是企业的主体，是直接参与企业生产的人员，应加紧提高企业员工的环境责任感。企业员工应自觉学习绿色发展观，树立正确的环境道德观念。企业相关员工在生产过程中，应严把环保关，运用相关技术监测生产中的污染程度指标，将污染降到最低，对于环保不达标的产品严格把控，避免流入市场。只有生产的环节做到绿色简约，才能为消费者提供符合要求的产品，为绿色简约消费创造前提。此外，企业员工还应积极配合领导的工作要求，负责任地完成自己的任务，将绿色简约贯彻落实到底。

从企业家方面看，目前社会上基本以经济效益来确定企业经营好坏，促使更多的企业只关注自身能否盈利而不关心生态环境状况。因此，要形成绿色简约消费模式，就要转变企业家的观念。在原料购买环节，要本着绿色健康原则，不能因为价钱更便宜或生产出的产品效果更好更美观就购买一些损害人身健康的劣质原料；在产品设计、生产环节，将绿色简约理念注入产品中，全面综合考虑产品对人、社会及生态环境的影响，考虑到生产过程中的外部性问题，尽可能地将外部性内部化；主动在生产加工过程中加入环保评价机制，确保流入市场的产品符合国家的环保要求。

其次，生活性消费。对于生活性消费，我们主要从与人们生活息息相关的吃、穿、住、用、行及其他方面进行论述。

一是体现在“吃”上的绿色简约消费。人类的生存离不开饮食，只有当自身的生存需要得到满足时，人们才会去思考如何满足享受和发展的需要。随着社会经济的发展，人们的生活水平普遍提高，温饱问题已基本解决，而此时出现了大批群体不再满足于基本的饮食需要，而是过度讲究排场，促使“面子”之风盛行。这种不正之风甚至蔓延到校园，学生们互相攀比，过多的炫耀性消费不仅加重了家庭经济负担，而且不利于自身正确价值观的养成。针对这一系列的问题，我们急需构建一个绿色简约消费的社会环境，引导人们健康消费。具体到饮食上，需要在保证食品安全的基础上做到“三多三少”：多吃蔬菜和水果，多动手做饭，多吃天然非加工食品；少吃肉类，少外出就餐，少吃加工食品。

二是体现在“穿”上的绿色简约消费。具体到“穿着”上，绿色简约消费要求本着生态环保、有益于人们健康的原则。要减少购买的次数和数量，购买时慎重抉择，避免购买后不满意而造成的浪费；在材质选择上，尽量不要选择动物皮毛制作的衣物饰品等，防止因大肆饲养动物而造成的环境破坏，尽量选择购买在生产过程中更为环保的衣物；在对待旧衣物上，可以将旧衣物捐出去或放到旧衣物回收服务站，使它们得到二次利用。

三是体现在“用”上的绿色简约消费。具体到“用”上，绿色简约消费要本着节约环保的原则。在购买时选择质量较好并且实用的物品，避免购买外观好看但不实用的物品，减少冲动消费，避免因物品质量不好增加更换频率；在使用过程中要爱惜，以便延长产品使用寿命，用电的产品要按照说明书要求的步骤使用，不用时注意拔下电源插头，节约用电；在产品使用完后，不要随意扔进垃圾桶，先看一下能不能以旧换新，循环利用，不可以循环利用时要对物品进行分类，按照类别丢进垃圾桶，方便进行垃圾处理。

四是体现在“住”上的绿色简约消费。具体到“住”上，绿色简约消费要遵循“房子是用来住的”原则，选取建筑材料时注意选取高质量的材料，保证住房质量，避免入住以后出现各种小问题；在建造上秉承绿色建筑理念即利用好阳光，充分利用太阳能，减少采暖、采光设备的能源消耗；在购买上要依据实际住房需要，避免因追求豪华而浪费房屋空间；在装修中，尽量采用无毒无味的绿色环保装修材料，不提倡豪华装修，满足舒适、简单、适宜居住即可，同时注意装修余料的回收和再利用，这样既能减少对空气的污染，还有利于自身的身体健康。

五是体现在“行”上的绿色简约消费。具体到“行”上，我们应做到以下几点：第一，以公共交通代替私家车。除了边远地区，现在绝大多数地区都配备了公交车辆，很多城市提供了共享单车、共享电动车、共享汽车等，人们只需要手机扫码支付一定押金就可以使用，行程结束后就近找合适的地方归还即可，这些交通工具方便快捷也极容易获得，充分利用公共交通既有利于缓解交通压力又有助于保护环境，是绿色简约出行实现路径之一。第二，购买节能低耗的汽车。现在汽车越来越普及，逐渐成为家庭必不可少的出行工具，但是汽车数量的增加使得尾气等污染物的排放对环境造成的危害程度日益加剧。因此家庭在汽车购买上应遵循节能低耗的原则，而不是仅仅注重汽车的外观与价格，条件允许的情况下，家庭也可以考虑用电动车或新能源汽车代替机动车。第三，以爬楼梯代替乘电梯。人们运用科学技术创造了一大批方便生活的工具，电梯就是其中一个代表，它极大地节省了人们爬楼梯的时间和力气，但是也使人们变得越来越慵懒，增加了对电力能源的依赖和消耗。因此低楼层的住户应减少电梯的乘坐，在锻炼身体的同时还可以节约能耗。

无论是在企业生产还是在日常生活的过程中，我们要时刻牢记绿色简约消费的理念，将绿色简约思想贯穿生产和生活的始终，保证衣食住行用各个方面的活动都是建立在环保的基础上，并努力培养绿色简约的行为习惯，切实落实到日常行动中。

7.2　绿色简约消费是以人为本的消费

以人为本的消费是着眼于适度满足人类需要，以实现人的全面发展为目标的消费。人是社会的主体，社会的政治、经济、文化的发展都离不开人的参与，同样人也是消费的主体。树立以人为本的消费观是实现绿色简约消费的基础。

首先，以人为本的绿色简约消费就要关心、尊重每个人的需要。本书中人的需要被分为生存性需要、享受性需要和发展性需要三个层次，这三个方面的需要都是人们正当合理的需要，其中满足人们的生存性需要是基础，为此党和国家实施精准扶贫、全面建成小康社会等重大举措，这是新时期党和国家尊重人民需要的重要体现。

其次，以人为本的绿色简约消费就要加强对消费的主体——人的引导。要想在全社会形成一种理想的和谐氛围，就要依靠价值观的引领，同样要想在全社会形成绿色简约的消费方式，也需要绿色价值观的指引。习近平曾强调要坚定不移地贯彻新发展理念，实现绿色发展，建设美丽中国。尽管绿色发展是绿色消费的核心，但我们同样不得不承认绿色消费是实现绿色简约的必由之路。培育和树立绿色消费价值观，需要转变传统消费方式。在传统消费模式中，人们过度进行炫耀性消费、奢侈性消费、超前消费、非理性消费等，可以说是完全的个人主义者，并未考虑到人类社会是一个整体，个人的发展要依存于社会的发展，而社会的发展需要遵循整体性、可持续性、综合公正等原则。因此培育和树立绿色简约消费价值观，将有利于形成新的价值诠释体系，树立引导人类行为的新标杆。下面我们将从政府、企业和个人三个主体层面来阐述如何引导绿色简约消费方式的形成。

第一，在政府层面。政府应从消费层面出发，以绿色发展观为指引，开创“绿色简约消费”“绿色简约惠民”之路。就绿色发展来说，我国政府已有了较完备的成功经验，走出了一条具有中国特色的绿色发展之路。例如政府在推动绿色低碳循环发展方面做出了不懈努力，使我国成为世界节能和利用新能源、可再生能源第一大国。实践证明，绿色发展这条路，我们不仅能走得通，而且还能走得好，因此，各级政府更应该充满信心，积极落实绿色简约消费理念。首先从自身做起，做到绿色办公，低碳出行；其次在全社会进行宣传教育，充分利用网络、电视、报纸等媒体进行宣传，无形中将绿色简约消费渗透进人们的日常生活，引导人们进行绿色、理性的消费，打造具有中国特色的绿色简约消费名片；最后，制定相关的政策法律和规章制度，鼓励企业进行绿色简约生产，鼓励消费者进行绿色简约消费。

第二，在企业层面。企业兼具生产和消费两重身份，一方面企业是产品的制造者，另一方面企业是原料的消费者，因此，把好企业消费及制造关是实现绿色简约消费的重要一环。绿色简约消费体现在企业层面上主要是企业对生产原料及燃料的购买。从原料采购上，企业应减少能源资源消耗，如多以清洁能源为燃料，多使用风能、水能、太阳能等可再生能源，减少对煤、石油等的利用，产品的原材料应秉承既不损害人身健康又不破坏生态环境的原则，减少将动物作为原料，减少对农药或其他化学成分超标的作物的购买，多使用环保材料等；此外，在商品生产过程中，企业应建立循环经济，如完善的废物处理系统，将生产、排污、处理废物等环节纳入一个整体，从而使企业内部自动代谢，形成平衡、稳定的企业生产系统，实现经济、生态、社会的和谐发展；在商品的流通环节，企业应简化产品包装，并建立包装回收再利用体制，优化经营网络，严控产品的环保质量，积极成为绿色物流构建者和践行者。

第三，在个人层面。个人是实现绿色简约消费的微观主体，是绿色简约消费的亲身体验者，要在全社会范围形成绿色简约消费的价值导向和行为习惯，离不开每个微观个体的共同参与和努力。我们在生活中力所能及的每一件小事都会是绿色简约消费实现的助推力，如在最后离开房间时随手关掉空调，刻意减少冰箱门的开关次数，不使用一次性筷子、一次性塑料袋等一次性用品，将生活用水循环利用，将这些微小的行动内化于心并表现在实际行动上会使我们离实现绿色简约消费更近一步。

最后，以人为本的绿色简约消费就要有益于促进社会公平正义。党的十九大继续强调公平正义，报告提出，“各级党组织和全体党员要带头遵法学法守法用法，任何组织和个人都不得有超越宪法法律的特权，绝不允许以言代法、以权压法、逐利违法、徇私枉法”。社会公平正义一直是社会各界关注的重点，社会不公会造成社会不稳定。同样坚持以人为本的绿色简约消费就要把促进社会公平正义、增进人民福祉作为出发点和落脚点。新中国成立以来，中国共产党始终坚持人民的主体地位，致力于保障人民的权益以维护社会公平正义。习近平总书记丰富发展了人民主体的发展思想，他在全国宣传思想工作会议上指出，要树立以人民为中心的工作导向，把服务群众同教育引导群众结合起来。在新的历史时期，党和国家更应该紧紧围绕人民群众这个主体、促进社会公平正义这一目标展开工作。

7.3 绿色简约消费是生态型消费

生态型消费是人类在消费过程中尤其注重保护生态环境和节约资源。生态型消费强调的是消费方式的转变——生态化的消费。随着以环境破坏和资源滥用为代价的经济的发展，人们由追求消费的高档次转变为对自身健康的关注，生态型消费应运而生。生态型消费侧重“生态化”，它包含的内容十分综合及全面，前面讲到的绿色消费就是其中的一部分。生态消费站在构建生态文明的角度指引人们的消费行为，它要求从整体上实现物质消费和精神消费的平衡，个人消费和他人消费的和谐，内在消费和外在消费的兼顾。生态型的绿色简约消费包含了绿色消费和生态消费的全部内容，是一种更具深刻意义的消费模式。

生态型绿色简约消费具有以下几个特点：

第一，生态型绿色简约消费具有可持续性。它不仅满足代内人的消费需要，更重要的是也可以同时满足代际间人的消费需要。生态型绿色简约消费是有利于整个人类社会不断发展的消费模式，可以使整个人类社会的消费需要得到延续。我们在进行消费的过程中，应正确处理自身需要和他人需要、生态环境以及子孙后代的关系。比如代内间，拿生产企业来说，应采用清洁能源，保证产品质量，对废弃物进行处理，不能因为自身利益去破坏全体社会成员赖以生存的生态环境，使大家一起承担环境破坏的后果；拿日常中人们对物品的消费来说，每个人都应有节制地适度消费，因为资源是有限的，有人消费得多就必定会有人消费得少。在代际间自然资源尤其是不可再生的资源使用上要有节制，不应单单因为企业经济效益或更容易获取就大肆滥用自然资源，不能仅仅将目光放在眼前利益上，也不能自私自利地耗用大自然的馈赠，要将眼光放长远，不仅要实现可持续发展，还要尽力维持人与自然、社会、后代之间的平衡。

第二，生态型绿色简约消费具有适度性。适度性消费要求既不能过度消费也不能过分节俭，消费应与自身需要相适应，同时保证一定的生活质量。过分节俭可能会降低人们的生活水平，消费者的满足感不够，幸福感缺失；过度消费则会导致资源浪费、社会不公，严重时可能引发一系列社会问题。生态型绿色简约消费即在不损害消费者满足程度的前提下，通过适度的消费来减少原材料和能源的消耗，促进生态良性发展。人类对自然的消费应适度，恩格斯曾说："不要过分陶醉于我们人类对自然界的胜利，对于每一次这样的胜利，自然界都报复了我们。每一次胜利，起初确实取得了我们预期的成果，但是，往后再往后却发生了完全不同的、出乎意料的影响，常常把最初的结果又取消了。"[①] 生态型绿色简约消费要求人的消费要在自身经济的可承受范围内，减少提前消费行为；要在自然环境的合理承受范围内，减少对环境的破坏；要在中华传统文化及社会价值观的允许范围内，减少非理性消费。

第三，生态型绿色简约消费具有高质量性。生态型绿色简约消费的高质量特征体现在它提倡人类的消费不能仅局限于物质资料的消费，更要注重精神消费。精神消费是指人在精神层面的需要，对文化知识等的渴望。党的十九大报告指出，要"满足人民过上美好生活的新期待，必须提供丰富的精神食粮。要深化文化体制改革，完善文化管理体制，加快构建把社会效益放在首位、社会效益和经济效益相统一的体制机制"[②]。经过几十年的努力，我国经济实力和综合国力显著提高，现已成为世界第二大经济体，在国际上具有举足轻重的地位。但是，在整个国际社会来看，中国人的地位提升并不多，从出境人口的调查中可以发现，外国人普遍认为中国人素质较低，对中国人的好感度不高。究其原因，是因为我国的文化建设没有跟上经济建设的脚步，相比于经济的快速发展，文化进步程度明显落后。在新的历史时期，在拥有稳固的经济基础的前提下，我们更应该注重精神文明建设，使我国成为兼具强大硬

① 恩格斯：《自然辩证法》，人民出版社 2015 年版。

② 习近平：《决胜全面建成小康社会　夺取新时代中国特色社会主义伟大胜利——在中国共产党第十九次代表大会上的报告》，2017 年 10 月 18 日。

实力和软实力的国家。精神文明建设需要每个社会成员的参与和努力，生态型绿色简约消费为人们提供了方向指引，它对物质资料消费和精神消费的兼顾，有利于促进人们生活需要和精神需要共同进步，促进人们追求高质量的生活。

第四，生态型绿色简约消费具有全面性。生态型绿色简约消费的全面性体现为人类需要的全面和多样。在这里主要沿用前面提到的马克思对人类需要的分类，马克思根据需要对人的重要性程度以及人的自觉活动展开的不同层次，将人的需要分为三个层次：生存性需要、享受性需要、发展性需要。在经济不够发达、物质资料供应不充分的情况下，人们只能期望满足自身的生理需要，即使想获得更多，受条件限制也无法提供；随着社会经济的发展，人们有了一定的经济基础，大工业的迅速成长也带来产品品种和数量的大幅增加，这时人们在满足了自身基本的生存需要后对消费的产品提出了更多的要求，如食品是否健康、居住的环境是否优美、能否获得他人的肯定和尊重等；发展性需要是人们最高层次的消费需要，这里的发展即指马克思所说的人的全面发展，是人的智力和体力及道德的全面、和谐、充分的发展。此外，人类的消费需要从低级上升到高级、从只关注自身消费需要到关注全人类的消费需要、从过多地关注物质资料需要到关注精神文化需要，这些都说明生态型绿色简约消费全面性的特征。

7.4　绿色简约消费是公平性消费

公平性消费是既包括当代人之间的公平又包括代际公平的消费方式。当代人之间的公平要求个体在满足自身消费需要的同时，不对其他人满足其消费造成危害。代际公平体现的是当代人与子孙后代之间在消费上的公平，它要求当代人在满足其自身消费需要的同时要不损害后代人满足其需要的消费方式。我们可以将当代看作历史的绵延，对未来一代人充满希望，当代人的活动自然而然地要考虑对后代人的影响。古人云：不竭泽而渔，不焚林而猎。我们应该将这个良好的传统传承下去，使每一代人都拥有使用大自然的权利。代代传承，未来一代其实也是我们这一代的一部分，两代人同处于一个历史长河中，我们也是上一代的未来。人类要继续这种生生不息、一代一代的传承，各代之间就要对自然资源公平使用。

第一，绿色简约消费体现了当代人之间的公平性。一方面，全体社会成员拥有平等的权利。从对环境及生态的享有和使用来说，全体社会成员的地位都是平等的，都应同等地使用大自然的馈赠。但由于财产的私有制，社会上必定会出现社会成员消费资源不对等的情况，对这一问题的解决就是要贯彻落实马列主义、毛泽东思想，以及新时期习近平所提出的“提高就业质量和人民收入水平。就业是最大的民生，要坚持就业优先战略和积极就业政策，实现更高质量和更充分就业”[①]。只有缩小全体社会成员的收入差距，才能保障人们的消费更加公平。另一方面，全体社会成员需要共同承担义务。每个人都有义务保护自身赖以生存的自然环境，即使由于人类对自然利用或保护不当出现自然危机如气候变暖、环境污染、自然枯竭等，全体社会成员也应一起面对，寻求治理环境的路径。这一建议的实现需要依靠对全体社会成员的宣传教育，提高人们的思想道德境界和自觉性，使人们接受、认同并逐渐内化为自己思想的一部分，外化在个人的行动中。只有全体社会成员共享资源、共担责任，注重人与自然的和谐发展，才能保障全体社会成员的基本生存权和健康权，才可能实现绿色简约发展。

第二，绿色简约消费体现了代际间的公平性。人们总是存在侥幸心理，认为“儿孙自有儿孙福”，因此将自己的行为建立在满足自身的需求上，甚至“寅吃卯粮，超前消费”，然而在现实中，如果当代人将资源耗尽，那么后代人只能去开发价值更高、更加昂贵的资源，这就体现了一种代际的不公正。罗尔斯说：“不允许我们仅仅根据各代的时间先后区别对待它们。”[②] 这说明后代人和前代人拥有平等的发展权利，可以平等地利用自然资源，享受自然资源。代际间的公平性绿色简约消费要求我们在处理好代内人消费关系的同时要十分注重当代人与后代人之间的消费关系。下面按农村地区和城市地区分别说明如何构建代际间的公平绿色简约消费模式。

一是农村地区。随着经济的发展，农村地区污染情况日益加剧，主

---

① 习近平：《决胜全面建成小康社会　夺取新时代中国特色社会主义伟大胜利——在中国共产党第十九次全国代表大会上的报告》，2017 年 10 月 18 日。

② 罗尔斯：《正义论》，何怀宏等译，中国社会科学出版社 2001 年版。

要体现在大气污染、水污染和土壤污染三个方面。

大气污染的后果并不受地域的限制，在农村地区加强治理需要引导农民少用煤炭等取暖燃料，严禁燃烧作物秸秆，饲养的动物要严格做好粪便等的处理工作，防止产生严重的气味。尽早彻底治理大气污染，不仅会改善我们现在的生活，更会为子孙后代创造一个良好的生存环境。

农村地区水污染越来越严重，农村地区缺少专门的污水集中区域和污水处理设备，农民缺乏水污染的常识，一般将家庭产生的生活污水就近排出或排放到附近河流，饲养动物冲洗饲养棚等的污水也随处排放，严重影响了水的质量，现在即使是农村地区的地下水也有很大一部分不能饮用就是对水资源污染的明证。因此，农村地区部门应加强对农村水污染的治理，建立专门的污水排放和处理系统，严格控制动物饲养户污水的标准，严禁私自将污水排放到地下或附近河流。只有治理好水污染，保护好水源，才能保障子孙后代的饮水及正常生存发展。

农村地区土壤污染问题日益突出。生活方面，一些农户不具备环保意识，将日常生活中用的电池随手乱扔或同其他生活垃圾混在一起扔掉，有关资料显示，一节一号电池烂在地里，会使1平方米的土壤永久失去利用价值，一粒纽扣电池会让600吨水受到污染，相当于一个人一生的饮水量。生产方面，过度使用化肥会造成土壤板结，大量使用农药会使土壤失去原本的活力。因此，加强农村地区的土壤污染治理十分迫切。农村相关部门应加强对土壤污染危害及防治的宣传教育，使人们认识到这是关乎每个人切身利益的事情。同时建立专门的电池回收站，加强对秸秆焚烧的监管和处罚力度，使人们自觉转变思维，认识到如果土壤被破坏被污染，必定会使粮食产量严重下降，甚至生产的农作物会危害人的健康，在这种情况下我们的子孙后代该如何继续生存呢？

二是城市地区。随着生产力水平的提高，城市建设、发展的步伐加快，同时也出现了各种各样的问题。

从企业角度看，现代科技进步使产量大幅度提升，生产规模扩大，但是这种扩大往往具有盲目性，不顾及市场的需求度，使得商品供给量远远超过需求量，大量产品积压，造成资源浪费，资本链条中断，严重时导致经济危机爆发。因此，在企业生产的过程中，要提高企业家的思想觉悟。众所周知，自古商人逐利，但是在逐利的过程中也不能违背良心，企业家也是有后代的，尽管丰厚的利润可以留给自己的后代，但是消耗过度、资源枯竭、大气污染以至于不适合人类生存，那么即便后代有钱又能做什么呢？

从消费者角度看，生产力发展，人民生活水平普遍提高，满足生存性需要的消费只占收入的一小部分，所以消费者开始追求其他方面的快乐，开始毫无顾忌、毫无节制地消费自然资源和物质产品，主要表现为对物质产品没有必要地进行更新换代，随意抛弃各种仍具有使用价值的产品以及采用地球难以承受的、奢侈的、浪费的生活方式，丝毫不顾及对后代人的影响。因此，要实现绿色简约消费，建立公平消费的模式，应做到以下两点：第一，要提高社会公民的文化素质。提倡节约资源、保护环境，对公众进行宣传教育，充分意识到自己奢侈浪费行为的可耻性和自私性。第二，要提高公民的精神素养。在人们物质需求得到满足的基础上，提倡人们追求更加丰富的精神境界，一方面可以避免大量民众沉浸在“买买买”的浪费行为中，另一方面也可以提高全民的综合素质，提升国家的文化软实力。

我们在消费的过程中，要始终坚守对资源的节约及对环境的保护，为子孙后代留下一个良好的生存环境以及能够满足其发展的充分的资源，站在全人类的视角上实现公平的消费和人类社会的可持续发展。

7.5　绿色简约消费是可持续消费

可持续消费是指在人类基本需求得到满足、生活质量得到提高的同时又可以减少对环境压力的消费。它强调的是供需平衡中的需求，侧重“可持续性”。从可持续消费的含义中可以得到两点：一方面要提供更好的服务和产品来满足人们的基本生活需要及提高生活质量；另一方面要改变消费方式，减少这些服务和产品对人们的健康及生活环境的危害，使人与自然更加和谐。

可持续性消费作为一种新的消费模式，必须要界定可持续消费的原则。可持续性消费的原则是根据绿色简约可持续性消费的内涵而制定的人们需要遵守的行为准则。从可持续的绿色简约消费中我们可以归纳为以下几个原则：

第一，公平消费原则。这里的公平性消费和 7.4 节的内容是相契合的，它还是在强调代内和代际的消费都要注重公平性，反对有些人过度消费及超前消费，要从实现全人类总体公平的视角进行消费。但是可持续的绿色简约消费包含的范围更广，内容更多。

第二，适度消费原则。党的十九大指出，要“倡导简约适度、绿色低碳的生活方式，反对奢侈浪费和不合理消费，开展创建节约型机关、绿色家庭、绿色学校、绿色社区和绿色出行等行动”。适度消费原则强调消费的适度性，要秉承有益人的身体健康的理念，既不过度消费又不过度节约。在这里涉及三个概念：一是过度消费即前面提到的无所需而有所求的状态，它并不是人类真实的需要，而是被扭曲了的异化需要，过度消费会对自然资源造成巨大的浪费，会使以牟利为目的的厂商发展更为迅速，严重危害整个人类社会的健康、协调、可持续发展。二是过度节俭即有所需而无所求，过度节俭在一定程度上会降低能源消耗，节约资源，但是也会降低人们的生活质量，使人们的生活过分压抑，缺乏该有的情趣，因此不属于绿色简约消费的范畴。三是适度消费是既满足自身需要又有利于个人和整个人类社会发展的消费，适度消费符合绿色简约的范畴，而可持续的绿色简约消费正是适度消费原则的重要体现。

第三，系统性原则。可持续的绿色简约消费考察的是一个整体范围，它包含经济、社会及生态系统等各个部分，在促进经济和社会发展的同时要保护好生态环境，坚决反对以环境为代价的经济发展。系统性原则旨在协调自然生态各系统之间、人类社会与自然之间和人类社会之间的和谐程度。巴西里约热内卢召开的联合国环境与发展大会曾经强调：人类要生存，地球要拯救，环境与发展必须协调[①]。人类发展的事实也证明，人类社会与自然环境绝不是征服与被征服的关系，也不只是单纯的改造与被改造的关系，而是一种平等的关系。可持续要求将经济、社会、生态纳入一个完整的系统，使它们能够实现和谐、有序的运转，在保证经济发展的过程中兼顾社会和生态平衡。更广泛的系统性也不仅仅是要求经济、社会和生态融入一个系统里，而是要实现三者之外的其他方面也能融入系统，实现统一。

第四，最小性原则。泰国学者舒拉克认为，一个普遍追求物质消费最大化的社会是不可能实现可持续发展的，只有将需求减至最小，才能

① 1992 年 6 月联合国在巴西里约热内卢召开的环境与发展大会上提出的口号。

实现可持续发展。在现实生活中，如果小的、少的、简单的可以满足人们的消费需求，就不需要消费大的、昂贵的、过度包装的商品。正如两点之间直线距离最短一样，最小性原则也被证明是在很大程度上能实现可持续发展的原则。我国是一个人口大国，即便自然资源较为丰富，总量不少，但人均水平不高，在人口基数如此大的现实情况下，我国绝不允许铺张浪费，因此，最小性原则显得尤为适用。坚持最小性原则是我国实现可持续发展的必然要求。

第 8 章 中国特色绿色简约消费社会的当代建构

马克思认为，消费是生产的终点，也是生产的起点。消费不但实现了生产的价值，而且反过来通过为再生产准备生产资料和劳动力促进生产的延续。消费是为了满足人类生存和社会发展的需要而消耗物质资料的一种活动，这种活动不可避免地需要消耗资源以及对环境产生一定影响。由前面对消费的分析我们可以发现，消费与人类社会发展既有相容的方面，也有相悖的方面。良好的消费行为可以有效地促进人们的生活与发展，实现人对物质需要和精神需要的满足，反之，炫耀性消费、攀比性消费、过度性消费和超前性消费等行为将阻碍社会的可持续发展。消费的重要地位，决定了人类要摆脱不可持续发展的生态危机和发展危机，必须从改变对自身生存环境破坏的消费模式开始，人类要实现可持续发展，不是为了保护生态环境而放弃对资源的使用和开采以至于停止人类的活动，也不是为了减少资源消耗而放弃经济增长和人类社会的发展，因为人类存在的目的和追求就是促进自身的发展，满足自身的需要。在消费促进人类社会更好地发展的背景下，我们应该更多地关注消费与人类社会发展相容的方面，于是，绿色简约消费的概念应运而生。

8.1 中国特色绿色简约消费的当代建构

理论是实践的基础，在第 7 章中我们已经对绿色简约消费的理论进行了概述，从理论层面论证了我国开展绿色简约消费的必要性和可行性。目前，我国正处于两难时期，一方面是我国较发达国家仍有一定差距，生产力发展不足，人们的物质资料需求不能够得到很好的满足；另一方面，我国前期高消耗高污染的策略对于生态环境破坏较为严重，加之工业革命时期几乎所有的发达国家都是通过掠夺自然资源的方式发展，地球的生态圈也不能够再次承受相同程度的破坏。因此，探索能够促进经济发展又尽可能地减少破坏生态环境的消费模式在当前显得尤为重要。践行绿色简约消费模式迫在眉睫。绿色简约消费模式的构建和实现都需要建立在一定的物质基础和精神文化基础之上，这种物质基础既包括国家经济实力、社会结构状况、人口情况，还包括生态环境和自然资源的存量，而精神文化基础则是指导绿色简约消费的行为习惯、思想观念、道德观念等。构建绿色简约消费，需根据目前的国家发展情况构建物质基础、思想基础和道德基础。因此，本书在对消费本质的哲学反思和消费模式的体制反思基础上，构建中国特色绿色简约消费型的社会。

第一，坚持公有制的主体地位。目前我国产生的消费异化行为追根结底是社会主义市场经济的产物。在资本主义市场经济下，生产资料私人占有，市场主体，无论是企业家还是个人都是为了自己的利益进行生产，把利益放在首位的他们不会关心对生态环境和社会发展造成的影响，这种情况下容易导致市场出现外部性、公地悲剧、收入水平两极分化等问题，消费领域方面也产生了消费异化。因此，要始终坚持生产资料公有制，公有制保证了政府和国家的主导地位，国家可以通过某一行为对全国的影响来随时调节经济发展，也可以通过再分配来缩小社会主义市场经济带来的收入差距，站在国家的角度考虑问题，用“以人为本”的政治经济逻辑来限制私有制基础上的资本逻辑，反对个体主义范式下的消费中心主义，注重消费行为对国家和社会的影响，注重财富分配的正义和商品交换的合理高效。

第二，向可持续发展模式转变。实现传统经济发展模式向可持续发展模式的转变，解决经济发展问题的同时又节约资源和保护环境，保障经济与自然生态环境的动态平衡。传统的生产方式的特点是高污染、高消耗、高排放、低产出、低收入、低效益，这种方式不仅消耗和浪费大量资源，还对环境产生相当恶劣的影响。第一次工业革命到第二次工业革命期间，大多数的发达国家通过传统的途径发展起来，历史资料证明工业革命时期的英国，浓烟滚滚，整个伦敦都是灰蒙蒙的，多人发生胸闷和窒息，详细情况见案例分析。显然，这种发展方式在我国已经行不通了，我们不能重蹈工业革命时期环境污染的覆辙。因此，在未来的发展过程中，必须转变经济发展方式，要学会从源头上减少污染而不是产生之后再进行治理。

第三，大力发展科学技术，创造可再生能源技术。依靠技术创新突破地球之小的局限，创新可再生能源技术，探索循环经济和资源重复利用技术，防止技术滥用。构建绿色简约消费型社会，必须要改变传统的生产方式，大力发展科学技术，实施创新驱动战略。科学技术是第一生产力，党的十八大以来，我国坚持实施创新驱动发展战略，把科技创新摆在国家发展全局的重要位置。习近平总书记在中国科学院第十九次院士大会、中国工程院第十四次院士大会开幕仪式上也强调中国要强盛、要复兴，就一定要大力发展科学技术，努力成为世界主要科学中心和创新高地。本书第5章也就科技是否中性进行了探讨，在践行绿色消费模式上的消费行为一定可以使技术朝着对人类社会发展有利的方向发展。科学创新技术可以按照绿色简约生产、绿色简约消费的目标指导生产，创新可再生能源技术，加强对资源重复利用的技术，发展循环经济，争取生产过程达到零浪费，每一种资源都百分之百地被利用。我们可以由生产领域逐步渗透到社会的各个领域中，努力建立人的发展、生态环境和经济发展相互统一的格局。特别是在生产力不是很发达的发展中国家，利用科学技术促进物质资料基础的提升是绿色简约消费的必然要求。

第四，开展绿色教育活动。践行绿色简约消费观，开展消费教育，提高消费者素质，积极应对消费主义和消费异化的冲击。众所周知，个体消费者的行为具有很大的差异性以及分散性，一个国家或者政府不可能对每一个消费者进行说服教育，在这种情况下，政府只能通过学校、媒体等进行理论和思想教育。一个人的思想支配着自己的行为，只有思想教育到位才能更好地践行绿色简约消费。通过开展思想教育活动，让人们对于自己的消费行为有一个正确的认识，明确消费不是符号，不是身份、地位的代名词，其真正的意义在于满足人们的需要，为人们提供更加美好的生活。

第五，树立绿色简约消费的意识。增强绿色简约消费意识，改变传统的不良消费观念，是实现人类社会全面发展的思想基础。理论引导实践，观念指导行动，有什么样的思想观念，往往会导致什么样的行为活动，树立正确的思想观念是践行绿色简约消费的必要条件。传统的消费观念是在工业社会的基础上建立起来的，工业社会的发展往往以暴力掠夺为基础，无限制地向自然界索取，不知节制地使用，近年来泥石流、地震等自然灾害频发、冬季严重的雾霾天气也印证了大自然对人类的报复，人类是不能征服自然的，人类的发展必须要顺应自然，与自然和谐相处。绿色简约消费观正是在这种科学的人与自然的基础之上建立起来，在此之上重新建立人们的消费观念，绿色简约消费不是抑制人们的消费欲望，而是让人们放弃奢侈消费、攀比消费、超前消费和过度消费等陋习。凡事只有在思想上认同了才能够在行为上践行。

第六，加强制度建设。完善相关法律法规建设，加强对于消费行为的监督评价机制，是进行制度建设的基础。绿色简约消费作为一种新的消费理念，在物质基础和思想基础建立的条件下，也应该建立健全制度，形成有效的评价与约束机制，具体来说就是通过奢侈品管理办法、环境法、排污许可制度和消费行为规范等法律法规约束公民的行为。除此之外，还应该健全分配制度。分配与消费是分不开的，社会分配不公容易引起消费的问题，进而引发各种社会矛盾。任何消费模式的良好运行都离不开相关机制的约束，建立健全绿色简约消费模式必须同时建立相关的政策法规和评价机制，为绿色简约消费的发展提供制度保障。

8.2 绿色简约消费模式的创新与探索

从全球范围看，人类在享受越来越富裕的物质生活的同时，也带来了环境污染、资源枯竭等严重的生态问题，由此绿色简约的消费理念应运而生。与此同时，人类还面临着“左手闲置、右手短缺”并存的经济结构性过剩现象，闲置资源数量巨大且越来越多，这亦成为让很多国家颇为头痛的一个沉重包袱，由于大量资源处于闲置状态，社会总资源能够有效利用的部分相对减少，实际的经济增长速度大大低于潜在速度。资源紧张与产品供给过剩两大难题似乎是难以协调和统一的经济体系的两端，在这种背景下，我们可以大力发展共享经济。

早在 1978 年，美国学者琼·斯潘思（Joe Spaeth）和马科斯·费尔逊（Marcus Felson）就提出了合作消费的概念，其本质就是共享经济。

近年来，随着互联网技术的发展，共享经济在我国也出现了快速发展。党的十八届五中全会明确提出“创新、协调、绿色、开放、共享”的经济发展理念。艾媒咨询的报告显示，2018 年我国互联网共享经济市场规模达 73580 亿元，到 2020 年，我国互联网共享经济市场规模将超过 9 万亿元，共享经济规模将占 GDP 的 10% 以上，成为我国经济新的增长点。

共享性是新消费时代的基本特征。“共享”即分享，是指多个个体共同拥有或有权使用某一物品及信息等资源。基于对集体消费和共享模式的探讨，构建绿色简约消费模式可以发展共享经济。共享经济也称分享经济，是指将社会分散和闲置的资源，通过信息服务平台匹配供需各方，从而实现社会价值和经济价值的创新经济模式。共享经济突出强调“使用而不占有”的核心理念，其本质是通过互联网构建的平台实现闲置资源在使用权上的共享或交易。共享经济的产生与成长既来源于经济层面诸多瓶颈的倒逼之力，也受益于现代信息技术的推动之力。从全球经济的客观形势来判断，传统产业的产能过剩与海量的闲置资源为共享经济提供了巨大的供给池，原有商业模式的链条臃肿与协同障碍又迫使各行业急切地突破流通困局，经济危机的频现最终引发人类对传统生产方式的反思，诱致新的消费价值观在全球范围内的一致认同和融合。而共享经济的出现就是经济主体各方在传统经济困局下的一种创新和探索。

相较于传统的经济发展模式，共享经济以现代信息技术为支撑，以互联网、物联网、大数据和云计算为技术支持，以社交网络（SNS）信任机制为信用保障，基于位置的服务为多样化的交易需求提供了可能，实现了便捷、高效和低成本的经济发展。共享经济带有明显的互联网基因：一方面，互联网克服了传统交易模式下交易主体信息不对称状态，借助于技术条件的支持快速便捷地完成信息展示与发现，降低了信息搜寻成本，快速推动了交易的匹配；另一方面，借助互联网，互不相识的交易供需方通过智能手机和电脑等构建的虚拟空间和社交网络彼此识别，强化关联，共享消费体验和评价，重塑信任关系，为共享经济构筑了一道“护城河”。

共享经济具有六大典型特征：其一，人人参与的主体特征。开放的互联网平台使得每个普通个体都可以很方便地参与到共享经济中来，每个参与者既是生产者也是消费者，参与者越多，消费者剩余也就越大，社会产品的经济价值便得到了更大发挥。在共享经济中，个人虽然是闲置物品的供给者，但他们并不以此为生，通过共享经济获得的收入只占总收入很小的一部分。共享经济是通过消费者的参与发展起来的，例如私家车司机注册成为网约车司机，他们在上下班的路上捎带乘客，减少了资源消耗，还能获得一部分收入。其二，闲置利用的客体特征。虽然世界经济体系建立在稀缺情景中，但是闲置和浪费也普遍存在，共享经济的核心就是整合各类分散的资源，发挥其最大效用，推进帕累托改进，实现“稀缺中的复用与满足”。例如，在日常生活中，很多商品的使用次数是有限的，有的消费品可能没使用几次就被闲置，而对于其他消费者来说，这些物品的使用价值可能是很大的，这时，有闲置物品的消费者将物品以较低的价格转让给其他消费者，其他消费者花费较低的边际成本，而出让物品的消费者也能获得较大的边际收益。其三，两权分离的共赢特征。共享经济强调“使用而不占有”和“不使用即浪费”，通过所有权和使用权的分离，采用以租代买、以租代售的方式分享部分产权，不仅达到了交易双方互惠，而且实现了消费体验的三方共赢。其四，用户需求的差异特征。在信息技术的作用下，共享经济可以克服供需在时间、空间的障碍，实时地实现交易双方的交流和协同，满足用户的个性化需求和个体差异性特征，提升用户的体验感受。其五，价值观的偏好特征。共享经济传递“不求拥有，但求所用”的价值观标语和信号，顺应了当前人类环境保护意识和节俭理念偏好的树立。其六，信任机制是共享经济发展的纽带。现在社会的交易行为大多发生在陌生人之间，这种交易方式不同于熟人之间的面对面交易，共享经济是在交易双方彼此信任的基础上建立起来的。

共享经济模式的出现，突破了传统西方主流经济学资源稀缺的经典假定，打破了信息不对称的理论禁锢，其对经济基础理论的贡献不言而喻。在经济新常态形势下，我国发展共享经济适应了“创新、协调、绿色、开放、共享”五大发展理念的新要求，拓展了经济增长的新路径，是缓解诸多痛点、走出发展瓶颈的试验田，也是调整供给侧结构性改革、实现创新驱动的突破口，将会对经济发展产生深远影响。

作为新生经济模式的共享经济，发展历程尚短，实践探索尚浅，理论研究尚且不足，人们对共享经济的认识还存在某些误区，共享经济的进一步发展也面临着诸多挑战和困难，其中最大的制约是现有法律规范存在缺失和界定模糊及相关的保险、政策没有涉及共享经济的内容等。比如，公安系统的身份信息、金融系统的银行账户信息、交通管理部门的车辆登记及车主信息、法院的犯罪记录信息等都属于个人隐私，能否开放给相关网络信息平台公司还没有相关的法规依据。又比如在“在线短租”领域，很多在线短租的房东并非房源的所有者，而只是办理业务交易的“代理房东”。在优步（Uber）、滴滴出行等拼车模式中，车主出现交通事故，保险公司是否应该理赔，运用私家车从事短租业务服务是否属于非法运营等。作为一种新的经济业态和发展模式，共享经济本身并没有扰乱正常的经济秩序，也并不排斥反而是鼓励任何行业通过分享创造更大的社会价值，目前的诸多问题大多源于相关政策法律的缺失。我国目前还没有完全建立起完善的信用体系，银行、法院等三方机构虽然业已建立起一定的信用数据，但仍未实现信息共享，网络平台对当事人的信用无处审核，这严重制约了平台参与人规模的扩大，阻碍了共享经济的发展。

虽然共享经济面临诸多困难，但是世界各国都在积极拥抱共享经济。我国共享经济的发展在探索其规律、规范其方式的同时也需要适时引导、适度监管、大胆创新，营造适宜共享经济发展的生态环境。相关政府职能部门既要为共享经济发展创造适度宽松的制度环境，也需要妥善处理创新过程中引发的利益纠纷和矛盾，既要加快推进公共数据开放和社会信用体系建设，研究制定创新准入细则和条例，也要完善适应新业态发展的信息保护机制和社会保障机制。

综上所述，共享经济是互联网信息技术下的经济创新新模式，有助于带动闲置资源的高效利用，营造绿色简约的消费文明，践行大众创业创新，有效实施集体消费的共享模式，实现交易各方的共赢，带动经济发展。面对共享经济带来的问题和挑战，社会各方需以积极乐观的心态分享共享经济带来的剩余，以完善有效的措施鼓励共享经济的发展，将共享经济的红利惠及每一位社会成员。

参考文献

[1] 北京大学哲学系外国哲学史教研室：《古希腊罗马哲学》，商务印书馆1961年版。

[2] 何建华：《生态文明视域下的消费正义探析》，载于《中共杭州市委党校》，2012年第1期。

[3] 孔子：《论语·泰伯》。

[4] 孔子：《论语·学而》。

[5] 匡贤明：《消费拉动经济增长的前景》，载于《经济与管理评论》2015年第1期。

[6] 李文英、王国红等：《我国发展绿色消费的障碍及对策研究》，载于《辽宁师范大学学报》2004年第1期。

[7] 马瑞婧：《推行绿色消费的障碍及其对策》，载于《商业时代》2006年第4期。

[8] 孟子：《孟子·告子下》。

[9] 宁悦：《异化消费的生成逻辑及其消解路径》，载于《毛泽东邓小平理论研究》2017年第4期。

[10] 潘岳：《生态文明：延续人类生存的新文明》，载于《中国新闻周刊》2006年第37期。

[11] 王宁：《从苦行者社会到消费者社会》，社会科学文献出版社2009年版。

[12] 王善平：《现代性：资本与理性形而上学的联姻》，载于《哲学研究》，2006年。

[13] 王玉玲：《生态文明的背景、内涵及实现途径》，载于《经济与社会发展》2008年第9期。

[14] 王长存、陶如宝：《树立科学消费观》，载于《思想政治工作研究》2005年第10期。

［15］习近平：《决胜全面建成小康社会　夺取新时代中国特色社会主义伟大胜利——中国共产党第十九次全国代表大会报告》，2017 年 10 月 18 日。

［16］杨承训：《发展市场经济必须调整消费政策》，载于《马克思主义与现实》1993 年第 2 期。

［17］杨丰霞等：《经济新常态下绿色金融发展动力问题探究》，载于《经济与管理评论》2017 年第 5 期。

［18］杨光飞、梅锦萍：《市场转型与经济伦理重塑》，载于《伦理学研究》2011 年第 11 期。

［19］尹世杰：《关于绿色消费一些值得研究的问题》，载于《消费经济》2001 年第 6 期。

［20］余达淮：《资本与道德的吊诡：在冲突与会通的视域内》，载于《江海学刊》2013 年第 5 期。

［21］郑也夫：《后物欲时代的来临》，中信出版社 2007 年版。

［22］左丘明：《左传・襄公十一年》。

［23］［美］《独立宣言》，北美洲十三个英属殖民地宣告自大不列颠王国独立书，1776 年 7 月 4 日。

［24］［美］阿尔温・托夫勒：《第三次浪潮》，朱志焱等译，生活・读书・新知三联书店 1983 年版。

［25］［美］埃里希・弗洛姆：《在幻想锁链的彼岸——我所理解的马克思和弗洛伊德》，张燕译，湖南人民出版社 1986 年版。

［26］［美］邦德・凡伯伦：《有闲阶级论》，蔡受百译，商务印书馆 2007 年版。

［27］［美］丹尼尔・贝尔：《后工业社会的来临——对社会预测的一项探索》，高铦、王宏周、魏章玲译，新华出版社 1997 年版。

［28］［法］弗朗斯瓦・魁奈：《魁奈经济著作选集》，吴斐丹等译，商务印书馆 1979 年版。

［29］［英］弗朗西斯・培根：《新工具》，许宝骙译，商务印书馆 1984 年版。

［30］［德］恩格斯：《自然辩证法》，人民出版社 2015 年版。

［31］［德］恩格斯：《自然辩证法》，人民出版社 1984 年版。

［32］［德］黑格尔：《法哲学原理》，范扬、张企泰译，商务印书

馆 1961 年版。

[33] [美] 郝伯特·马尔库塞：《单向度的人——发达工业社会意识形态研究》，刘继译，上海世纪出版集团 2008 年版。

[34]《马克思恩格斯全集》，人民出版社 1972 年版。

[35]《马克思恩格斯全集》，人民出版社 1995 年版。

[36]《马克思恩格斯全集》，人民出版社 2003 年版。

[37]《马克思恩格斯全集》，人民出版社 1979 年版。

[38]《马克思恩格斯文集》，人民出版社 2009 年版。

[39] [德] 马克思：《〈政治经济学批判〉导言》，中共中央马克思恩格斯列宁斯大林著作编译局译，北京：人民出版社 1971 年版。

[40] [德] 马克思：《1844 年经济学哲学手稿》，中共中央马克思恩格斯列宁斯大林著作编译局编，北京：人民出版社 2000 年版。

[41] [德] 马克思：《1844 年经济学哲学手稿》，中共中央马克思恩格斯列宁斯大林著作编译局编，北京：人民出版社 2002 年版。

[42] [德] 马克思：《1857～1858 年经济学手稿》，人民出版社 1979 年版。

[43] [德] 马克思：《资本论》(第 1 卷)，人民出版社 1972 年版。

[44] [德] 马克思：《资本论》(第 1 卷)，人民出版社 1975 年版。

[45] [德] 马克思：《资本论》(第 1 卷)，人民出版社 2004 年版。

[46] [德] 马丁·海德格尔：《存在与时间》(中文修订第二版)，陈嘉映、王庆节译，商务印书馆 2016 年版。

[47] [法] 米歇尔·博德：《资本主义史：1500～1980》，吴艾美等译，东方出版社 1986 年版。

[48] [法] 让·鲍德里亚：《消费社会》，刘成富、全志刚译，南京大学出版社 2001 年版。

[49] [法] 西斯蒙第：《政治经济学新原理》，何钦译，商务印书馆 1964 年版。

[50] [法] 让－雅克·卢梭：《论人与人之间不平等的起因和基础》，李平沤译，商务印书馆 2010 年版。

[51] [英] 斯蒂芬·霍金：英国广播公司瑞思系列演讲中的发言，2016 年 1 月 19 日。

[52] [英] 托马斯·霍布斯：《利维坦》，黎思复、黎廷弼译，商

务印书馆 1985 年版。

[53] [英] 威廉·哈兹利特：《反资本主义精神为何会增长?》，引自《知识分子为什么反对市场》，秋风编译，吉林人民出版社 2003 年版。

[54] [英] 亚当·斯密：《国富论》（下卷），郭大力、王亚楠译，商务印书馆 1972 年版。

[55] [德] 约翰·贝拉米·福斯特：《生态危机与资本主义》，耿建新、宋兴无译，上海译文出版社 2006 年版。

[56] [美] 约翰·罗尔斯：《正义论》，何怀宏等译，中国社会科学出版社 2001 年版。

[57] Bernard Shaw. *Man and Superman: A Comedy and a Philosophy*, Westminster: Archibald Constable & Co., Ltd., 1903.

[58] Henri Lefebvre. *Everyday Life in the Modern World*, London: The Penguin Press, 1971.

[59] Jacques Ellul. *The Technological Society*, Translated by Wilkinson J. New York: Alfred A. Knopf, 1964.

[60] John Elkington & Julia Hailes. *The Green Consumer Guide*, Simon & Schuster Ltd., 1987.

[61] Kate Soper. "Conceptualising Needs in the Context of Consumer Politics". *Journal of Consumer Policy*, 2006, volume 29, number 4: 355 – 372.

[62] Pierre Bourdieu. *Distinction: A Social Critique of the Judgment of Taste*, Harvard University Press, 1984.

[63] Stuart B. Ewen. *Captain of Consciousness: Advertising and the Social Roots of the Consumer Culture*, McGraw – Hill, 1976.

[64] Thomas N. *Holy Bible*. Scotland: Thomas Nelson Publishers, 2012.